失落的乡村

《天涯》杂志社 编

世纪文景

世纪出版集团 上海人民出版社

失落的乡村

《天涯》杂志社 编

世纪出版集团 上海人民出版社

图书在版编目(CIP)数据

失落的乡村/《天涯》杂志社编. 一上海:上海
人民出版社,2012
(世纪文睿人文典藏. 天涯精品)
ISBN 978-7-208-10574-4

Ⅰ. ①失… Ⅱ. ①天… Ⅲ. ①散文集-中国-当代
Ⅳ. ①I267

中国版本图书馆 CIP 数据核字(2012)第 029385 号

出 品 人　邵　敏
责任编辑　张玉贞
封面装帧　赵　瑾

失落的乡村
《天涯》杂志社 编

世纪出版集团
上海人民出版社出版
(200001　上海福建中路193号　www.ewen.cc)
世纪出版集团发行中心发行
上海景条印刷有限公司印刷
开本 890×1240　1/32　印张 6.5　插页 2　字数 125,000
2012 年 4 月第 1 版　2012 年 4 月第 1 次印刷
ISBN 978-7-208-10574-4/I·983

目 录

序

祛魅的世界无比荒凉

——序"世纪文睿人文典藏·天涯精品"丛书

孔　见

　　如果考古的结论值得信任，人类的存在已经十分古老，祖先们在地球表面的活动延续了数百万年时光。在浩茫而无法记忆的日子里，他们一直以采集、游牧或农耕的方式，生活在自然的荫庇之下。他们奉大地为神圣母亲，以谦卑的姿态承接着造物的恩泽，并对其充满敬畏与感激之情；他们与植物一起生长，分享它们的果实；他们的生活与太阳同步，随季节流转，从泥土中来，又回到泥土中去。在他们的眼中，人的生活是大自然浩荡流程中的一条涓细的支脉。

发端于十八世纪的工业革命,和随之而来的市场化进程,带来了巨大的物质实惠,也大大改写了人与自然的关系。集中营似的生产方式,密集的群居生活,得寸进尺地离间大自然与人之间关系,把生产乃至生活过程与自然流程分裂开来,人的存在也从深邃的自然背景中析离出去,沦为一种没有根源的、荒谬的存在。随着生产过程对自然流程破坏程度的加深,原来作为自然之子依偎在大地怀抱里接受哺育的人类,反过来吞噬其母体,使之变得愈来愈羸弱与丑陋,丧失其令人敬畏的神秘性。而脱离自然母体的孤独个体,最终成了繁复政治经济关系的纠结,在利益计较与权力竞争中耗尽心力,过着匮乏灵性与诗意的生活。

与大地同时被祛魅的还有天空。随着在社会生产中作用的不断凸显,科学对世界的解释被合法化、权威化,成为一种占据统治地位的意识形态,给接受驯化的人们洗脑。在科学描绘的图景中,浩瀚天穹里的无数天体,只是一场物质爆炸的碎片,它们在力的作用下莫名地运动着。于是,就像尼采所描绘的那样:诸神退隐,上帝死亡。今天,除了天文学家,人们不再仰望天空,他们回到大地,在滚滚红尘中埋头经营自己的世俗生活,不再寻找形而上的意义,不再过问生命的何去何从。对造物的仰止之情已经被对货币的膜拜所取代。在繁杂吵闹的街市上,卑躬屈膝地捡拾一枚枚铜板,然后爬上喜马拉雅山冰清玉洁的顶峰,昂首挺胸地踩上肮脏的一脚,这就是许多成功人士和当代英雄们所干的事情。

诚然,充满魅惑的世界令人恐惧,但过度祛魅之后,世界变得无比荒凉，变成了一望无际的塔克拉玛干，生命的灵性也失去滋养，成为一种枯萎的存在。而狭隘的进步观念，怂恿我们以背叛过去的方式来建构未来，以毁坏自然的方式来兴盛人文，从而走入一条越来越偏狭的道路。现代化的进程大刀阔斧地删节人类生命的诗意传奇，许多极具想象力的叙事版本正像野生动物一样相继灭绝。由于不断加剧的离间，人与自然之间的亲缘关系也濒临破裂，灾难与末世预言此起彼伏，日益真切，令人惶惶不可终日，仿佛人类的故事已经接近尾声。田园将芜，胡不归。在如此严重的时刻，静下心来品味一下与阳光和水同在，与草木一起成长的经验，阅读正在被删除的生活叙事，即便不能一时扭转排山倒海的局面，也能够够给我们心灵些许的慰藉与安抚，让我们一起在晚霞中结伴踏上回家路。

孔见：学者，现为《天涯》杂志社社长，海南省作家协会主席

二月二，龙抬头

人　邻

　　二月二，龙抬头。其实是人忍不住要抬头了。美滋滋暖了一冬，老婆孩子热炕头，油锅盔、酽茶、臊子面的日子，有些熬不住了。亲戚家串门，男人们打牌喝酒，近了是棉帽子捂着低头小跑，稍稍远是小毛驴车棉袄带上苫着棉被子，再远了，怎么也不肯去了。太冷了。

　　快要立春的日子，可还是冷的，脸和手露出来的感觉，风一吹，还是飒飒的皮紧。立着呆望一阵子，时光是有些凝滞的。树也没动，没一点绿的意思。人悄悄各走各的，只是炊烟比寻常烈了些，没有风，也浓浓的，带着些干草的焦味，忽地在半空里散开了，村子就满是那麦秸的气味。

临近苦水街村,见去年疯长过的荒草依旧立着,很高,残留着细的枯枝,铁丝一样孤寂也傲然,心里忽然有"在阳光里纷纷碎了"的句子。

什么碎了?是那些干枯了但是还近乎高大的荒草?它们铁丝一样孤寂和傲然,但毕竟是有些已经禁不住岁月的煎熬,消逝了。时光并不是线性的,所谓消逝,是弥漫的,并不清晰的。

苦水产玫瑰,如果六七月,遍野都是玫瑰。来的不是时候,只有路边的苹果树,季节的缘故,还有灰尘,也许还有污染,树干乌黑。乌黑给人的感觉,并不是湿润,也并不干燥,只是一种笼统的黑,厚厚的涂抹了什么的黑,难以名状。

二月二,天渐渐更亮了,其实隐约的喜庆是慢慢起来的。现在的一切还都在背后,都还蛰伏着。虽然,那一点喜庆并不能真的改变什么。但人就是这样,借着这喜庆,一年一年过下去。

村子里,家家门框正中都贴着"门前子"——剪了穗子的剪纸。家家的主妇或是媳妇、姑娘,早早就像是琢磨新鞋样一样琢磨着新花样的"门前子"。谁家有了新花样,是不肯藏着的,女人们暗地里就传开了。全村都是自己家的样子,该有多美!人去的时候,正往里抬腿,忽然——就停下来。看一眼,再看一眼。那一眼给了人幸福,可以暂时停一小会儿的幸福。

红、绿、黄、蓝,"门前子"是有好些颜色的。剪纸的透,风透进去,院子里的喜气透出来,满院的饭食的香气也透出来。站在门里面朝外看,是透着的天,透亮亮的舒畅!

"门前子"不只在大门的门框上,里面的屋门门框上也有,人的进出就给那好看的"门前子"照拂着。屋檐上也有，一溜儿，满满登登的，各样的颜色交织着，旧的屋檐也是新的，似乎屋檐生了喜庆的"芽"。

一家门里的洁净土墙上，见悬着一个易拉罐，剪子剪了，弯弯巧巧地折了，就成了一个香炉。女人的手真巧。尤其这心思，叫人心里忽地湿润润的，想这女人什么模样。这家里的地上、炕上，都该比别的人家整洁得多。整治下的饭食，该有多么香。羡慕这家的男人，可也只是羡慕罢了。

村里的小路边，随意供奉着神位。一家是：供奉玉皇大帝天尊之神位。碗口大的黑字，写在用一根杆子撑起的近丈把高的黄布上。下面一页黄纸，"门前子"那样的剪纸，剪的是当年的生肖。这样的供奉从未见过，不在家里，不在庙堂，甚至也不在祠堂，似乎供奉在路边，是要将家里祈求的和全村人共享，似乎也有借着全村人供奉的意思在。

有乡亲过来，亲热热地和主人家（多是妇女）说几句话，烧香，磕一个头，便走。

在一家的院子里（这家的院子比别家的大），沿着长长的院子，是一条扎制好的龙。它静静地悬在那里，由人摆布，甚至是顽皮的孩子，也可以随意拍拍龙的肚子，拽拽龙的须。此刻的龙还只是个样子，只是钢筋、竹子、布和彩色的纸的混合物。它需要借助一个仪式才能活起来。

这家的院子里，老女人们正在摆置八卦灯。大致是将近百的小灯盏摆成小学生习字的米字格那样。

那些灯盏是每年用过了都存着的。而反复的使用，灯盏浸透了油，颜色似乎变得深了，小，但是很沉重。

八卦灯是由老女人们点燃的。没有一个年轻人。为什么？她们虔敬、温情、缓慢，手法柔和。边上，另一张桌子上供奉着花馍（上面盘着月季花一样的花叶，点缀着红枣）和果子。女人们虔敬、温和的神色，待那些灯盏一旦全部点燃，似乎是呼啦啦作响的时候，就完全变了。忽然肃穆起来，给什么提着，紧绷绷的，似乎有什么事要发生，人得等着，驯顺地等着。

灯类似于厚而浅的小酒盅一样，近百盏倒上清油，放好捻子，全部引燃后，稍稍起风了，火苗呼啦啦地响，黑色的油烟袅袅升空，是有几分骇人的。野蛮，甚至有几分杀气。

社火里扮演的角色，正在勾脸。勾脸是特别的技艺，这里的人每年要从外地——主要是陕西，请专门勾脸的师傅。

勾脸，一种是先用土黄色打底子。并不是满脸打，只是先在人的脸上点满，再用手掌抹开。待擦匀了，再用玫瑰红色沿着鼻梁两侧，向眉毛画上去。整个的脸，是半深的玫瑰红。这是英俊后生。还有一种是花脸，是奇异的不对称。也是后生。两者的区别，前者眉清目秀，后者孔武有力。

还有一种，是丑角。从眉毛到鼻端，涂白色，眉毛黑长，弯弯地掉下来。有趣的是，还要在白色其中点缀些微红色。在眼睛和下颌处，点缀黑色。人的选择也是稍具丑相的。丑而具喜庆相。丑和喜庆，俊和庄重，有深层的关联。

勾脸的师傅，极其熟练，不论左手还是右手，都走笔飞快。

左右开弓，并不是一个简单的词汇，实在是来自于真实生活的。

村子里不宽的路上，人群越来越多了。密不透风，社火就要开始了。

社火，据记载，是指在节日里的各种杂戏。

李斗《扬州画舫录》卷九记载："立春前一日，太守迎春于城东蕃釐观，令官妓扮社火：春梦婆一，春姐一，春吏一，春官一。"所谓的春，是指的节令吧。春气来了，地气上升，地是微微温暖的。

更早的有范成大《上元纪吴中节物俳谐体三十二韵》："轻薄行歌过，癫狂社舞呈。"自注："民间鼓乐谓之社火，不可悉记，大抵以滑稽取笑。"

起码在宋朝，社火是"轻薄"、"癫狂"的。

现在的社火，依旧是有些"轻薄"、"癫狂"的。

先是鼓。太平鼓。

鼓声四通，为一组。咚、咚、咚、咚。咚、咚、咚、咚。击鼓，凡一组，或几组，击鼓的人必然变换一次动作。

鼓槌和大鼓的鼓槌也不一样。鼓槌是用麻绳密集地编成棍子形状的。

鼓声两通一组，促迫，鼓声三声，还是促迫，四声，匀整了，也庄严。古代的军队似乎也是在这样的四通鼓声里列队行进的。

咚、咚、咚、咚。咚、咚、咚、咚。有时候动作是相当复杂的，比如会将直径近尺余、长近三尺的鼓，用带子系了，挂在脖子上，向空中满满地抡上一圈，或者是将鼓放置在地上，两腿在鼓的四

周变换，但是鼓声是一样的，嗵、嗵、嗵、嗵。

身着银白色衣裳，红色的鼓。节奏十分有力。推进一切的无畏力量！

再过来的是大鼓。鼓真的相当大，要整张的牛皮才蒙得住。现在是买的，过去是请匠人制作。

应该是在春夏之交，牛虎虎最有生气的时候。有生气的时候，皮才厚实坚韧，鼓声才轰然、壮烈。

这样的牛，宰杀的时候，应该有一个仪式。不像寻常的牛，随意宰杀。牛要洗澡，披红，要请人念咒，度它的英气在地，魂魄升天。宰杀的牛，轰然倒下。又一头牛，轰然倒下。喷涌着鲜血的牛，重重地砸在尘土的大地上。尘土起了老高，扑面的血腥和着尘土的气味弥漫着。这也是盛典，全村的人都来了，大锅支上了，切成大块的牛肉煮上了，大碗的酒斟上了，人们不醉不归。整个的狂欢节！

整张的牛皮，刮得干干净净的，晾在一边。

熟皮子的匠人来了，又静静走了。他再次回来的时候，那张硕大的牛皮已经是软软的，驯服的。

制鼓的匠人，已经在一间安静的屋子里静静地等待着，算计着。鼓的架子已经箍好了，拍打一下，结实得很。甚至是几个汉子站在架子上面，也纹丝不动。

牛皮在掺了酒的水里浸透，也许是要浸七天七夜的。两张牛皮经过再次的挑选。其中更为坚韧厚实的一张将用于鼓面。制鼓师傅和他三个筋骨健硕、皮肤黢黑油亮的年轻的徒弟，兜起整张的牛皮,对面站着,比划着牛皮的尺寸,似乎是在筹划一场战争。牛皮的倦怠,在等着制鼓师傅的手。

比好了,第一根炮钉打了进去。整个牛皮的位置就是靠着一根炮钉奠定的。整张湿润的牛皮给使劲向对面拉去。接下来是在对面钉下第二根钉子。东南西北四根钉子钉下后,其他的钉子顺利、均匀地钉了下去。全部的钉子都钉好后,用锋利的刀子将多余出来的牛皮精心地割去。真正行家的刀子都很小巧,貌不惊人。

绷好的鼓依旧在阴凉的屋子里,要等着它慢慢晾干。而这个晾干的过程,原本看起来并不怎么紧绷的鼓面,惊人地绷紧了。湿的皮子绷得太紧,干了以后是要绷裂的,这其中有精确的计算,也许还有天意。接下来是进行修整。刮腻子,打平,上漆布,反复上漆,打磨,再次上漆。时光就在这近乎阴暗的屋子里悄然逝去了。

而制鼓师傅走的时候,憔悴得似乎没有一点力气了。他的力气都留给了大鼓。几个徒弟的胡茬子涌了出来,步伐也有些踉跄。这样的师徒短时间是没有人聘用的,人们要等好些天以后,等他们完全恢复了力气。

可打这鼓的,是女鼓手。近乎消瘦。天还冷,围着看热闹的人,还都是冬装,可她却是粉红背心、黑裙子、赤膊、墨镜。远处看着,削尖的脸,打得粉红。一侧黑鸦般的鬓上,是大朵的嫣红。

鼓手十分卖力,拉展了膀子。天下怎么会有这样既健朗又风骚的女人?鼓槌是二尺多长的指头粗钢丝绳制的,缠了麻绳,

击起鼓来,弹性十足。

鼓手沿着巷子一路打过去,身姿优美,力道十足,几乎是不歇息的。

过去了。再回来的时候,快步如飞,一双大脚,竟然不是女人!

为什么不是女人,而又要男扮女装?这一定是古老的秘密。雄性的鼓,以雄性的男人,是相克的。古老的道,早教会了人们。隐雄性之身,呈现的只是雌性,但男性的力道是在的。大鼓给虚拟的雌性驯服了,它的雄强的声音一发而不可收拾。

龙也过来了。人群似乎给惹了的蜂巢一样,"嗡"地一下乱了。

龙已经成为重要的象征,甚至在微软公司制造的汉字软件里,拼音"Long"里面,龙字也是排在第一。在生活里,龙字的使用频率并不高,但是它太古老了,古老到叵测。一个高龄妇人,怀孕了,她欣喜地说,这是天意,她的孩子将是皇帝命。什么是皇帝命,其实就是龙命。那么古老的东西,竟然要影响那么多年。

二月二,龙抬头。此刻,它已经不是刚才在一家的院子里静静呆着的那条龙了。那会儿龙还是静的,笨拙,甚至是有些痴呆的。还没有人把它挥舞起来,也就是说,没有人,龙是没有意义的。而这会儿龙飞舞着,在一条本来狭窄的小巷子里,展示它无穷无尽的法力。

舞龙的带头人走在前面,左手执火炬,右手抓一把松香末,向天空一扬，火把一挥，"呼"地一团火，带着黑烟的火，弥漫在半空里，含着煞气。

龙经过的时候，人们拼命要从龙的肚子底下钻过去，就连怀里抱着孩子的妇女也不避人的拥挤，说是可以冲去来年一切的不吉不祥。人们挤过去的时候，舞龙的人，就几乎要给人群冲倒，于是前面开道的回来，这回的鞭子是要真打的，而给打着的人，根本不管，只是拼命地向龙的肚子底下挤过去。挨了鞭子，脸上也是喜庆。

一年里给龙护佑着，似乎也就不在乎了。

走高跷的人，早早起了。靠着一面墙，用木头搭了高高的架子。踩高跷的人，沿两边的梯子上去，坐好了，下面的人顺好了高跷的腿。这里的高跷是高到九尺五寸的，据说是世上最高的高跷。

仰着头，看坐在上面的人，觉得世界奇怪。把人弄得那么高，为了什么呢？高跷上的人，是百姓们仰慕的古代的英雄。打扮起来，颜色不畏艳俗，大红，大绿。也有别的颜色，黑和白，也有点缀，金色。

绑腿的麻绳，麻是经久捶制的。捶制了才软。它的纤维，变性了。编织的时候，有意将麻绳弄成扁的，和习惯上浑圆的绳子不一样。平日里糙硬的麻，造的绳子却非同寻常的柔软。圆的绳子不行，据说会绑坏了腿。有人问，为何不用宽的布带子，老人们说是绑不牢靠。这一定是多年积累的经验。

高跷松松地绑好了，人坐在高架子上面休息。一排高大到

四五米的人，兼之五颜六色，让人感觉凭空出现了另一个世界。尤其高跷的腿不是裸着的，穿着那么长一条裤子，显得人更高了。有没有另外一个世界，也许是有的。古代神话里面，某人沿着某个洞穴，一直走，竟然走到了另一个世界。有能回来的，但是，也有些人，永远回不来了。或是回来了，家乡早不在了，仿佛是一个"烂柯"的故事。

踩高跷的人排成一溜。前面的路早开好了。走高跷的人过来了，身子直直的。两边的房子，像是踩高跷的人可以坐下来休息的凳子。两边房子上坐着的人，见熟悉的人过来，可以脸对脸地打个招呼。

后面的人杂了。清宫戏的流行，也让里面的角色出现在社火队伍里。也有时髦的风味，戴墨镜的，西式的黑裤子、白衫，甚至是卓别林都出现了。

也有少许自由穿插的人物，多是风骚的女人。在平日里不可展露的，都可以在这一刻尽情展露，男扮女装，或者是女扮男装。

形骸放浪的一天。

一切按照预期进行着。其实这一切都是在某位神秘老人的安排之下进行的，纹丝不乱。老人近乎威严地端坐在某家院子里，筹划钱两，安排各样的人和事。没有这老人的命令，一切都是不会动的。

在古代社会，这个人，就是王了。

在今天的小村子，依旧。这个人拥有无上的权利，起码是在二月二这天。

　　老人是静默的，只有不多的话，但是每一句话都十分有效，都像国王的命令一样，执行起来，是铁一般的。

　　二月二一过，小村子依旧是寂寞的。

　　只有来回跑着的穿着花衣的小姑娘是轻盈的。

　　路上，几匹小毛驴颠颠地过去。

　　人邻，作家，现居兰州。主要著作有诗集《最后的美》、散文集《残照旅人》等。

坝 上

袁 瑛

一

　　远处的山，一直在远处，薄蓝薄蓝的。不知道有没有人家，不知道有没有。我在这里，在坝上。和一只很亲近我的小狗——小花在一起。

　　我们这里的"坝"，每一处都有名字的。我出生的"坝"，叫谢碥，谢姓的一支在这片平坝上开枝散叶了上百户人家。谢碥的东北方是帅林盘，正东方是王林盘。林盘是我们这里的人命名村落的最小单位，也是常用单位。怎么叫林盘呢？川西坝子最常见最多的树木便是慈竹。只要有人家，这屋前屋后便少不了有两垄竹子。帅林盘和王林盘，更是竹多如毛。慈竹茂盛起来后，把人家屋顶全都遮挡住了，从外看，看不到人家户，只看见一大片黑蓊蓊的竹林。川内的村子都是大大小小的林盘，往前面加上林盘大姓人家的姓，就成了这个村子的名字，这比用某社某社来划分村庄好记多了。而且，往往走完一个社的地界还没有走出一个林盘，一个大的林盘常常由两到三个社组成。谢碥这一片坝是接着后山的，后山脚下的坝左右无限铺开，朝前延伸到谢碥还算是直系嫡亲，延伸到帅、王二林盘，只能算旁系了。帅林盘和王林盘，也是坝，但是这两个坝却比谢碥矮了半人高。好端端的平坝到了谢碥就截止了，再往下走就息气了，突然矮了半截，谢碥成了帅林盘和王林盘前面的一个台子，帅林盘和王林盘成了谢碥后面的洼地，谢碥的人到帅林盘和王林盘要下一个高坎，帅林盘和王林盘的人到谢碥要爬一截软坡。处高如同居首，从风水上讲，那是上风上水。就冲着这个地理的优势，谢碥的人对周围林盘里的人都带有一种天生的居高临下的风度。帅林盘一个帅姓女子嫁给了谢碥一罗姓人家的老二娃儿，大家这样说，罗老二接（娶）了个林盘里的女的。"林盘里的女的"，好明显的轻视的口气。倒也是，这帅姓女子嫁到谢碥后，也没有伸展过。她自己从来没有把自己收拾伸展过，她的日子也没有伸展过，总被罗二打，打骂声整个中院子甚至下院子都能听见。设若有个三五日没有听见罗二家传出打骂声，大家碰面的时候都会相互问一句：这两天咋没有听见打了呢？时常见到她，都是一副苦大仇深的模样，她和谢碥的人，谢碥的人和她，相互都不怎么搭话。

谢碥分三个院子，从北到南，依次为上院子，中院子，下院子。中院子和下院子，一谢姓女人招赘了一个罗姓男人，生了十来个小罗，另一谢姓女人招赘了一杨姓男人，生了七八个小杨，其余人家都姓谢。上院子则是谢姓和陈姓平分秋色各拥半壁江山。这陈姓，便是我爷爷的姓。

以前谢碥的好风水体现在哪里我不知道，现在所谓谢碥的风水好，是谢碥从八十年代开始，陆续有人考上中专、中师、大学。谢碥七八十年代生的娃娃全都跳出了农门，端了"铁饭碗"。若只是出一两个这样的孩子也不算是值得炫耀的事，那一批次的孩子都考上了学校，谢碥不仅在谢碥人心里就是在周围学校老师心里都成了风水宝地。读书的孩子，去报名，老师问哪里的？答是谢碥的。本来不怎么经意的老师会抬头打量一下这个孩子，然后赞道：谢碥的啊？谢碥的好啊！谢碥的孩子都聪明！读得书！其实只有谢碥的人自己知道，谢碥的孩子"读得书"，是谢碥上院子的孩子为谢碥挣来的。上院子其实就只三家人，谢家的，陈家的，李家的。陈家是陈四和陈五两兄弟，两兄弟的四个孙女像四朵新鲜鲜的栀子花，一朵赶一朵的白，一朵比一朵的香，一个赛一个的能干，先后以高分考上了学校；教书先生李之言的孙女，又白又瘦，声音极细，"蚊子一样的声音"，她母亲经常这样比方她，也考上了学校。谢碥的大姓，谢家的人，却没一个出头的。在村上做会计的谢开章，也是上院子的，对这一事实既感羞愧也感无奈，就只有摇头叹气：没（音 mo）法的，没法啊，天资就差，后天又不努力，只有揉（音 rua）泥巴的命。说到揉泥巴,下院子和中院子的孩子个个都是好手,好多男孩子放学回家第一家事情就是去窑上揉泥巴。谢碥有两孔砖窑,烧火砖卖,中院子谢家和下院子谢家的人,几乎都靠此维生。陈家是吃公粮的,李家是教书匠,杨家拖着蜜蜂四处赶花,没有人对烧窑有兴趣。中院子和下院子的人家,都把自己的良田用来做砖坯瓦坯了。田里挖出方正的深坑,用来踩泥、和泥,人站在坑里,做砖坯和瓦坯的工具放在坑边,在那坑里一呆就是一半天。对于谢碥来讲,上院子的人搞的是阳春白雪这样的事情,中院子和下院子的人做的是下里巴人的事情。对于这点,谢碥的人心中是有数的。陈家和李家的女孩子不会去中院子和下院子耍——一是被父母们禁止,二是女孩子们慢慢养成的一种高傲的自觉。谢家的孩子们,却经常跑到上院子做作业。这些孩子,父母本也是管得紧的,也是希望他们学习好的,只要他们说去陈家李家做作业,父母都放心得很,但陈李两家的大人却不怎么欢迎,怕自家的乖娃娃跟着学尖了。

即使是这样,谢碥也是谢姓的天下。谢碥的权力在谢家,村长、社长、会计、出纳,都是谢家的人。谢碥的"观晚婆"(能通阴阳、看风水、算八字等等诸如此类活路的人)是谢家的,招赘了罗姓男人的谢家女人,她叫什么大家都不太清楚了,全谢碥都叫她罗三婆——她男人在罗家排行老三,很阴的一个老娘儿。整天蔫秋秋的,走路慢吞吞的,一句一个咳嗽,咳嗽的时间比说话的时间长。她其实不做家务事,但是任何时候看到她,她都拴了藏青色的围帕,双手藏在围帕后。她一个人住在谢碥漕头的一座

小院子里，吃饭的时候就回到和罗三爷共同的家里吃，其余时候，她都一个人待在那座小院子里。那座院子，是她供菩萨的地方。谢碥的人请她做事，都去那个院子。

谢碥的媒婆是谢家一个很活泼的小老头儿的女人，姓黄，叫黄花花。黄花花，她年轻时大家这么叫，到现在老了，也没人改口。"黄花花！""哎！"随时叫到她，她都答应得脆生生的。没有人觉得不妥，凋谢到皱纹满脸乱爬的女人，还叫黄花花。她抽叶子烟。只要一坐下来说话，就要摸出烟杆儿叼上，不抽没劲，没劲说话，抽上了，话就多，多而且精彩。

谢碥的医生是陈家的大女儿，谢碥的老师是陈家的小女儿，谢碥的恶人是陈家的小女婿，因为这三人的缘故，陈家在谢碥有着特殊的地位。

我是陈家的。我爷爷就是陈家的老五，现在的陈五爷。爷爷和四爷爷因为复杂的婚姻关系从陈家大院子迁到了谢碥。我去过陈家大院子，那边的陈家有个孩子跟我一般大；那边的陈家后院矮墙下有棵史君子树，一刮风一下雨，好多人，蹲着在陈家矮墙下拣史君子；那边的陈家有个爷爷和我爷爷一般大，老是眯眯笑着，说话非常地谦卑，你和他说话，你不由得也要谦卑起来；那边的陈家爷爷种着好大一园子的茉莉花，爷爷去买他的茉莉花，给他钱，他推迟半天，终于接过去，却眯眯笑着用了谦卑的姿势谦卑的语气说话，那就小见了哈！爷爷也赶忙用了谦卑的姿势和谦卑的语气说，不小见不小见，应该收的应该收的。

二

刘妈，宽眉宽额宽鼻宽脸，粗手粗脚，长得好似一棵肥厚的青菜。她有活泼的性格，一笑起来哈哈满天飞。酿醪糟，腌咸菜，包皮蛋，是她的拿手活。酿醪糟，腌咸菜，包皮蛋，谢碥的女人都会做。会做有什么用？谢碥的人都知道，这酿醪糟腌咸菜就讲究一样，味道；包皮蛋就看一点，松花好不好，多不多。若是醪糟酿来不出酒，咸菜腌来像抹布，谁还吃！皮蛋老粘壳，一朵松花也看不到，多丢脸！刘妈做的醪糟，还没有出坛就闻见香；她腌的咸菜黄澄澄的，咸香适口，等不到夹到嘴里这口水就咕噜咕噜冒了；她包的皮蛋，每一只皮蛋都能囫囵地剥光壳，从不粘壳——这一点，稍微用心的女人也能做到。但是就一点厉害，刘妈包的皮蛋，每一只剥开都是带着松花的琥珀，透明的、暗黄的琥珀，那些松花如雕刻在水晶上，玲珑剔透。刘妈自从嫁到谢碥，谢碥的女人就都懒了，醪糟不酿了，咸菜不腌了，皮蛋不包。想吃怎么办？置办一顿伙食，把刘妈请到家，半天的工夫，醪糟酿好了，咸菜腌上了，皮蛋也包好了。你以为这些女人都偷懒啊，才不是哩，她们也有她们的小算盘。明请刘妈教手艺，刘妈可能会推辞，若是请去做，那又不一样了。女人们就趁刘妈完整帮忙做的过程偷师。但是照样学样也还走样，明明每一道程序都按着刘妈的方法来做了，做出的东西还是有区别。女人们就想，这可能是天给的手艺让刘妈以此为活吧。怎么叫以此为活呢？刘妈的男人是收电费的谢天章，他本来是农电工，从电桩上

摔下来,伤了腰,干不了力气活,田里重活都是刘妈和她五个儿子干下来的。五个儿子五双手帮了她不少活,但是五张嘴吃饭也厉害,五个人都要读书,钱从哪里来?刘妈包的皮蛋松花多,远近出名,就有人问天问地问到谢碥来买皮蛋。谢碥的女人给刘妈出主意:那么多人喜欢你包的皮蛋,你干脆到场口上摆个摊子,帮人包皮蛋算了,你一个女人,能做好多重活路!刘妈却傲上了,她说:要买就到家里买,不买就算了,我也不求这买卖吃饭。她虽说了这样的硬气话,可天并不弃她,来找她买蛋包蛋的人就没有息过气,连周围场镇上那些做副食和干杂生意的人都来找她定蛋了。每次有三轮车或者火三轮进谢碥,就有人凑上去搭话:

"买皮蛋啊?"

来人"啊"一声。

"顺沟边那条田坎儿一直走到底就是卖皮蛋的,早点喊人,她家黑狗凶。"

来人"哦"一声。

待人家刚打燃火要走,又拦下,问:

"这刘玉兰(刘妈闺名)的皮蛋硬就比别个的好卖啊?"

来人显得不耐烦了:

"不好卖我天天朝这里跑啊?人家买主就盯倒那几朵松花在吃!"

搭话的人懵了一下,随即对着刘妈家的方向骂道:

"狗日的谢天章,硬是大妈生的,接的婆娘包的皮蛋都比别块多几朵松花!"

谢天章的父亲是地主,接了两个老婆,大老婆只生了谢天章一个,小老婆没比谢天章大几岁,生了一群,全是女。

在谢碥,这天给手艺的人还不少。谢家年纪最大的媳妇幺婆婆,做的白菜泥豆腐,是少有的美味。会计谢开章和幺婆婆门对门地住着,一到吃饭,谢开章的两个儿子各人用菜盆舀上一大盆饭,拐拐都不倒一个,直笔笔地就朝黄婆婆的灶门前走去。去干嘛?吃泥豆腐。谢开章的婆娘叫帅素冰,大眼睛,短头发,走路没有声音——一年到头她只穿自己做的布鞋,从隔壁帅林盘嫁过来,是个洁净和爽利的人。帅素冰和罗老二的婆娘是一个林盘的,但是谢碥人对这两个帅林盘的女人的评价却一个在天一个在地。谢碥的男人经常当面比较二"帅",当谁的面?罗老二。

"罗老二罗老二!你接的啥子婆娘哦!当不了人家帅素冰一则,帅素冰屋头的茅屎坎(厕所)都比你家的厨房干净!你的屋头跟猪圈一样,脚都下不下去!"

"你那是住人啊还是喂猪哦?"

"人家是节约地头,又养猪又养人。"说完男人们就轰轰地笑。罗老二窘得很,啥面子都没有了,回去就把气撒到婆娘身上,给她一顿好打。谢碥的女人这样吓唬自家的女儿:不爱收拾嘛!跟罗二嫂一样嘛!以后只有讨打的!

帅素冰会收拾,菜也做得不撇,可这两个儿子就是不买账,顿顿吃饭都要往幺婆婆家里跑,就喜欢吃这泥豆腐下饭。帅素

冰打也打过，骂也骂多，没办法，两个泥鳅一样的儿子，稍不留神，就滑到幺婆婆家了。谢开章很开通，不管，反倒替儿子们说话：这小娃娃是最诚实的，好吃就好吃，不好吃就不好吃。好吃他们肯定就会多吃，不好吃人家肯定就少吃，这有啥子办法呢！意思是哪个喊你这个当妈的菜做得不漂亮呢！一副幸灾乐祸的样子。帅素冰也大气了，干脆给幺婆婆端了一大撮箕豆子过去，让幺婆婆用这些豆子多磨点泥豆腐，大家吃。

其实这帅素冰，也有样绝活儿，做豆花麻辣鸡。这是两样菜，豆花和麻辣鸡。她点的豆花，又白又嫩又软又绵，她拌的麻辣鸡，好吃。但是推豆花是件麻烦事，平常没有什么特别的事情，谢碥的女人不轻易推豆花。推豆花，豆子要提前泡涨了；磨子要仔细刷两遍，第一遍用刷子或者小扫帚旮旮角角都扫遍，第二遍用清水冲；海椒要新鲜舂的才香，干海椒在大锅里炒脆，干炒，不加菜油，炒脆了，放到大树疙瘩做的臼里，拿圆木杵杵，杵细了，大锅里煎开菜油，微微凉一下，往海椒面里一倒，"哧"的一声，碰香的海椒面烫熟了。这些准备的活可以交给家里任何一个人做，但是煮豆花不行，那必须得帅素冰亲自守着，因为卤水放多少，火要多大，是全凭帅素冰的个人感觉的。杀鸡在谢碥来讲，是件大事，不年不节，没有老人过生，没有女人坐月子，没有回娘屋的女儿，没有这几件事情，一般不会动杀鸡的念头的。帅素冰的绝活，也就每年在她公公过生那一天，显摆一下。谢碥的人经常说，人家帅素冰是两个菜就摆一桌。两个菜，是指只有豆花和鸡，摆一桌，是指帅素冰用豆花和鸡能做出摆满一桌子的菜。怎么做呢？在谢碥，豆花端上桌是讲究每人一碗的，这桌子上有多少人就要摆多少碗，小孩子也要算上。你瞧瞧，这每人一碗豆花就占了一张桌子很多的面积了，中间再摆上一大盆凉拌的麻辣鸡，然后呢，是用鸡血做的鸡血旺汤，用鸡杂碎做的小炒，还有两碗用煮鸡肉的鸡汤煮出来的蔬菜，一张大八仙桌都堆不下了。如果桌上有人想吃豆腐脑的，帅素冰立马就能给端出两碗热辣辣香鲜鲜的豆腐脑。这帅氏是谢碥奢辣奢醋的女人，每次做了豆花，自己都要留一点豆花做豆腐脑，狠狠过一回酸辣瘾。知道的，等她上完菜，扯着她的衣裳角说：帅娘，给碗豆腐脑吃嘛！她定满脸绯红，拉你进灶房给你开个豆腐脑小灶。后来这也不是什么秘密后，有人干脆在上菜之前就直接说：帅娘，豆花嘛我不吃，你给弄两碗豆腐脑就是了。

三

大石匠最绝的一句话是"我把我婆娘借给你都不借我的工具给你"，此话一出，谢碥的人都知趣了，再也没有人往大石匠家借东西了。大石匠这句话是在一次夜饭桌上说的。收电费的谢天章接第二个儿媳妇，按坝上的规矩，头天晚上是花夜，第二天才是正席，花夜办小酒碗，正席是大酒碗。吃花夜酒，比正席还兴奋，等待好事是最起劲的，最容易让人激动的，人们都蓄着一股劲在等待，等来了，劲儿也就耗光了。那时正是在吃过花夜的小酒碗后，谢碥粗壮的汉子们三五一群围在八仙桌上，十五瓦的

电灯泡点着，一桌一副纸牌，闹杂杂地干上了。谢碥的人没有熬夜的习惯，但是吃花夜酒不一样，几岁的孩子几十岁的老汉，都精蹦蹦地要耍个通宵，妇女们也不管，难得谢碥过一回事，就都放纵了去。若是张狂一些的妇女，也要吆喝几个凑一桌牌干上一夜的。主人家就添累了，想睡也没法，从灶门前到地坝屋檐口，堆尖尖的码满了人。况且，灶门前里办酒席的厨子，熬夜在准备第二天正席的食物，主人家还要在旁守着，随时听候厨子吩咐，添补些食物调料。大石匠他们围着一桌人在屋檐口下，没有打牌也没有喝酒，就海阔天空地胡乱讲些龙门阵，不知道怎么讲到石匠打石头的那些工具，有人看聊得这么热火，想也没有多想就提出要借借石匠的工具用用，石匠突然加大嗓门甩了一句话出来：我就是把我婆娘借给你也不会把我的工具借给你！这话刚一出来，汉子们轰一下全笑开了，笑完却安静了，个个都觉得尴尬，不知道往下接什么话。这安静持续了分把钟，还是一名机灵的妇女打破了这难堪的静寂，喊了声，黑娃儿！你还不去睡了哦！明天还要出早工哦！这一句仿佛提醒了所有人，大石匠身边闷着的汉子们都拍着脑袋骂着自己说，哎呀，硬是的，我明天还是要出早工的嘛。于是纷纷散了。

石匠之妻，叫玉娇，那是谢碥一朵花呀！三伏的太阳晒不黑，数九的寒风冻不裂，细瓷一样的皮肤，男女见了都想摸一下，可是又舍不得摸，怕自己手脏给摸黑了。都说一白遮百丑，可不是，就冲了这一点，索性把姓也给人家改了，不叫谢玉娇而叫白玉娇了。白玉娇在公社给公社干部煮饭，这个工作是顶了她父亲的班去的。白玉娇上面有哥哥四个,各个都想去顶这个班,争来争去把谢师傅争冒火了,拍了桌子把顶班的事定给了白玉娇。白玉娇去顶了班,谢碥的人都说,这玉娇以后不知道要配个什么样的人哦！言下之意,谢碥以及谢碥周围的全体未婚青年都配她不上了,人长得漂亮,又端了铁饭碗,什么样的好事都凑齐在她身上了,这样好条件的姑娘,那得要多么好的条件的小伙子来配啊！可是到底是什么样子的好小伙子呢？谢碥人形容不上来了,有人说,那起码配个当官的儿(儿子)吧,至少是乡长一级的！有人马上附和说,对对对！乡长的儿！听说我们这个乡长还真有个儿呢！

黄花花听见了这话,把含在嘴里的叶子烟拿开,吐出一大泡口水,慢悠悠地说道:

"乡长的儿？乡长的儿配不上我们玉娇！"

众人都转向她,问:"咋个配不上呢？"

黄花花复又把叶子烟含到嘴里,嚼着叶子烟杆说:"乡长的儿又矮又黑又丑！"

众人再问:"你见过乡长的儿？"

黄花花继续含着烟杆说话:"乡长的女(女儿)的人户(亲事)是我给放(撮合)的,你(你们)说我见过他家儿没？"

众人开始七嘴八舌。

"狗日的这乡长肯定贪污过,不然他儿怎么长得弄(那)么丑！"

"贪污球他的！贪污了有报应,一代不应(应验)二代应。"

"就是！应到了他儿身上了。"

得出这个结论之后，众人平衡了，话题很快拣了回来。"算球咯！当官的靠不住，还是找个拿工资吃饭的稳当。"

"老汉儿（父亲）是当官的，又不是他自己当官，不管用。"

"哎呀，只有千年的衙门没有万年的官！官当不了一辈子的。"

"当一辈子又咋子嘛？还不是一样的要死！"

"喔！就是！哈哈哈！"众人应同，并一起大笑，结束了这场闲龙门阵。

没有料到的是，白玉娇却迅速走起了下坡路，境遇一日差过一日。谢碥的老辈子们这样讲，天老爷先把一生的好运气都先给了玉娇，剩下要给她的，就只有霉运气了。人一辈子，好好坏坏各一半，哪个都不可能多吃多占。

有一段时间，好多陌生的人在帅林盘或者王林盘的人的带领下，跑到谢碥来看白玉娇；有的人索性直接跑到公社食堂去看白玉娇。远远地瞅见了，认识白玉娇的人一指一奴嘴悄声咪咪地说：那就是了！来看的人惊讶地重复一句也悄声咪咪地说：那就是的呀？哦！也不走过去，认识白玉娇的人努力地遮蔽自己，生怕白玉娇看见是自己领人来看她的热闹。白玉娇出了什么热闹？据说白玉娇和公社医院的一已婚医生刚脱了衣服睡下，就被人撬开了门，已婚医生逃了，来人追，未果。后半夜白玉娇的门再次被撬开，这次抓了双。原来已婚医生逃走后不知跑到哪里转了一圈又跑进了白玉娇的房间，已婚医生以为绝对没有人想到他会再跑回去,没有料到他和王熙凤一样聪明反被聪明误。来撬门抓人的不是白玉娇的什么人,也不是已婚医生的什么人,是另一已婚男医生,在该男医生的大力宣传下,此事不到三天传遍所有村社男女老幼。每天去公社听故事进展和看白玉娇的人赶场一样络绎不绝。公社迫于影响,叫白玉娇回家休息,换了个又矮又黑的小伙子煮饭。

白玉娇回家后,家里什么动静也不见。她每天早上光光鲜鲜地骑着自行车溜一圈回家,然后换了脏衣服下地下田干活,择菜煮饭,洗衣喂猪,一刻也没有消停过。眼睛清亮、皮肤白皙、身姿美妙,一点没有变化。一个月,两个月,三个月,或许更长的时间,早过了公社喊白玉娇回家休息的期限,公社方面仍然没有喊她去上班的口信、书面信,连这方面的传闻都没有听到过。谢碥的人替她着急了,都说,咳!这个女娃儿不值哦!名声去了,再丢了工作,可惜哦!狗日的杀千刀的万休奎!万休奎,就是那个自以为聪明的已婚男医生。

后来,白玉娇一直在家务农,三十出头了才说了大石匠——四邻的人都知道她的事,哪个男人有心胸去娶她!大石匠家在外地,跟着打石头的队伍到了谢碥,黄花花看石匠还实在,遂做了媒。初,石匠以为接了仙女,后来可能听了些风言风语,经常对白玉娇拳脚相加,喝醉了酒就把全谢碥骂个遍,说全谢碥的人下套整他,哄他来当乌龟王八蛋。头几次骂,白玉娇的哥哥们都没有开腔,后来打骂成了家常便饭,白玉娇的嫂子们看不过去了。嫂嫂们说,再骂就捆了打!你们男人不好出面我们女人动

手捆！欺负成这样，人家以为玉娇娘家没人了咧！说实话，当初白玉娇去顶班的时候，各位嫂嫂的意见可大了，很长一段时间和公公婆婆以及白玉娇不往来，现在看到玉娇落到这个地步，以前的气早消了，心里又心疼上了玉娇。跟玉娇一说，玉娇却不同意。玉娇说，他要闹要打要骂就随他便！等他出气！总有他打不动骂不动闹不动的一天。

四

黑娃的媳妇，叫桂英，生得黑湛湛的，个子不高，但很敦实，走路风快。她在和黑娃谈朋友的时候，逛耍，二人本来肩并肩地走着，一会儿，桂英就走到前面去了，碰到黑娃的老辈子打招呼，老辈子问：

"桂英你这风风火火的要到哪里去啊？"

桂英说："不去哪里呀，就逛耍。"扭头看，黑娃呢，被拐角挡住了，她自己已经走过拐角奔到大道上去了。桂英立刻笑弯了腰，换过气才说道：

"难怪黑娃耍了那么多朋友都没有耍成，他家（像）闷声子狗一样，走落了都不做一下声气，咋个把朋友耍得成嘛！"说完转头去找黑娃。

黑娃的老辈子看着桂英的这副样子，赌咒发誓地下结论说：

"要是桂英都和黑娃耍不成了，黑娃就别想找婆娘了！"

"黑娃除了找桂英，找哪个都不合适！"

"要是桂英和黑娃耍不成,我,我,我端块豆腐撞死!"

没有多久,黑娃和桂英就结婚了。吃喜酒的时候,黑娃的老辈子可得意了,直说自己有眼光,看得准,喝酒喝了个稀里糊涂。那些帮厨的女人就嘲笑:

"人家桂英是害怕有人跟豆腐两个撞死了,怕赔命哩!"

"桂英是给你面子,看你多少还是个老辈子,免你去撞豆腐!"

"看他高兴的,喝来都不知道姓张姓王了。"

黑娃结婚后,士章舅舅把靠住哑巴娘家的那一厢房子给了他,黑娃就和哑巴二娘门挨门墙靠墙了。

桂英要从上院子搬到下院子去了。新修房子,火砖都买回来码起了。谢碥的女人就故意问黑娃的老辈子:

"咋的呢?不是说刷利的嘛?这刷利的女人厉害哈,三下两下就把父母蹬开了。"

黑娃的老辈子,不开腔。

后来,慢慢从桂英的婆婆妈嘴里得到消息:桂英和梅小姐一家弄反了,不愿意再和梅小姐一家挨着住,低头不见抬头见的,想搬出来修房子。其实就是不为这件事情,桂英家的房子也该修修了,泥砖院墙都倒了一截了。桂英怎么会和梅小姐弄反,还不是为了哑巴娘。桂英可怜哑巴娘,经常周济照顾哑巴娘,有吃的要喊哑巴娘吃,有穿的要给哑巴娘穿,重活累活要帮补哑巴娘一下。亏这梅小姐还是裁缝,整天剪剪裁裁的,可哑巴娘竟没一件衣裳是齐全的,全是补疤疤衣服。桂英说:

"梅婶婶，您手巧，一件衣服半天不到就裁好了，一天不到就穿上身了，您把您那些下脚料给哑二娘做件穿的嘛。"

梅小姐说："啊呀桂英你刚嫁到我们这儿，你不晓得，我给哑巴做了好多衣裳哦，她不喜欢，把剪得乱七八糟的，剪了我又给她补，她不喜欢穿新衣裳，她就喜欢穿旧衣裳。"

"桂英哦，我们这些耍起的人可以穿得周正些，哑巴天天灶上一把灶下一把的，穿好了她要顾惜衣裳，不方便做活路。"

桂英理着哑巴的衣裳，一看那针脚就知道不是梅小姐缝的，长一针短一针的，梅小姐那么讲究的人，且整天捏着针线的人，能缝成那样么？

那桂英，田里的活路丢了一天，从街上扯回一块布，在家里忙活了半天，就给哑巴娘缝了一件崭新的衣服。哑巴娘抱着新衣服，见人就抖开在身上比划，高兴极了。不到一天，全谢碥都知道桂英给哑巴娘做了件新衣服。

梅小姐不高兴了，上门找桂英。桂英没有给梅小姐留面子，话里带刀狠狠将梅小姐收拾了一顿。平常谢碥的人看不惯谢玉章一家大小都把哑巴娘当佣人使唤的可恶，都可怜哑巴娘，有零食就塞点给她，力气活路给她搭把手——都是在谢玉章全家看不见的情况下，若被他家大小任一人看见了，准和你过不去。如何过不去？先梅小姐假惺惺地来感谢你，感谢完了把哑巴数落一番，说他们如长尽短地对哑巴好，说哑巴如长尽短地不懂人情，说得眼泪花滚。见你当真了，擦完眼泪正经告诉你，以后别管哑巴了，管她是给她垫脚（撑腰），有人给哑巴垫脚哑巴就不服他们管了，毕竟哑巴还是他们家的人，他们才是要管她一辈子的，等等。反正每次被"感谢"的那个人，都被梅小姐说得面红耳赤的，仿佛做了亏心事被人抓了个正着。梅小姐的戏唱完了，就轮到谢玉章了，男人的方式与女人就是有区别，他直接蠹在你面前，喊着你的名字：某某，你以后少搭哑巴的腔哈！就一句话，但是这一句话后面有很多句话藏着，你不可能听不出来的。大家都是一根枝上发出来的芽，亲巴巴的人，都不愿意伤脸伤鼻的，人家也有理，那是人家一家子的事情，你看不过，你看不过能把哑巴娘弄过去供起么？不能吧，既然日不起这个壳子吹不这个牛，就奄气呗。

　　桂英初嫁谢碥，谢碥的水深水浅自然还没有趟清楚，但即便是弄清楚了，以桂英直笔笔的性格，同样让梅小姐吃不了兜着走。梅小姐想给桂英个下马威，结果却被桂英收了威风，梅小姐没有捏着火巴柿子倒被螃蟹夹住了手指拇，横竖想不开，回家就躺倒了，一口接一口地抽长气。可怜梅小姐从来没有受过谁的一句重话，这般被桂英劈头盖脸地一顿教训，差点气死。婆娘受了委屈，男人肯定要给扎起。谢玉章没有找桂英，他一个老辈子去跟一个小辈子过不去，传出去不好听，他去找桂英的公爹士章舅舅。

　　士章舅舅是全谢碥最老实的人——黑娃那么老实就是体（像）他爹，谢玉章比士章舅舅高一个头，赤裸着上身的他又着腰站在士章舅舅家黑瓮瓮的厨房里，双手又着说够了，又举起右手指指点点，指指点点几句又收回来又在腰上。当时士章舅舅正

在烧东西吃。烧鲜尖椒，烧茄子。新鲜的尖椒和茄子，洗净了，包两张南瓜叶子，塞到灶塘里，明火烧一小会儿。烧好的尖椒剁细了，加小半碗开水，放盐和味精，做蘸水。烧茄子的茄子肉滑嫩异常，这种滑嫩是蒸茄子和煮茄子做不出来的，并且带有草木灰、烧焦的南瓜叶和茄子皮的火香，蒸茄子和煮茄子在味道上就输掉了。烧尖椒，辣味很重。用烧尖椒蘸水佐烧茄子，是谢碥很多男人的下饭菜。

士章舅舅穿着一件白衬衣——看得出原来是件白衬衣，长期被汗水浸泡着没有及时换洗早泛黄了，领口袖口都磨出了毛边。士章舅舅双手抱着双肘，两只袖子的袖口没有系口子，大叉开口子吊着，那大叉开口子吊着的袖口让人有种想替他把袖口挽上去的冲动。他一直没有想到要把袖口挽上去，就那么手脚不知道怎么放地立在谢玉章的面前。桂英甩开她婆婆妈的手要冲出去和谢玉章较个高矮，刚到房间门口就立住了。士章舅舅家的房子是典型的三间两头转的小青瓦房，整个房屋的摆布就是一个"凹"字形状。但是士章舅舅家的房子还不能完全说是青瓦房，谢碥的人说"瓦房"，是指火砖墙，而士章舅舅家的房子房顶上盖的是瓦，墙壁却是泥砖，地面也没有水泥平整，只能算是泥瓦房了。三间两头转，正屋三间，正中一间较大，是堂屋，左右两间是寝室，其中一间寝室和厨房相连。一般情况下，和厨房相连的这一间寝室都是家中大人的寝室，另一间寝室，家中孩子谁先结婚就给谁布置成新房，这是正屋了；偏房在两边，偏房包括一些稍微小点的寝室，猪圈柴房；厨房在哪里，就在那转角处，连接正房和偏房的转角,是一间挺大的房子,是灶房,也是全家人吃饭、摆龙门阵的地方。最热闹的地方就是这厨房了,互相串门都在厨房里坐着。厨房都开有后门,后门外是竹林,竹林外是田,一坝的田,谷子麦子菜子,绿的黄的,轮番在田里站着,从门口就一直站到天边了。打开后门,抬个小板凳,几个女人纳鞋底儿的,织毛衣的,摆个东家长西家短,手里活路也没有误,谢碥的女人,许多个下午的时间就是这样打发的。桂英怎么站住了呢?从桂英的房间到厨房,要穿过堂屋再穿过桂英公婆的房间,桂英丢开她婆婆妈的手要冲到她公婆房间的时候,她看见了一堆毛和一堆枣红色的皱巴巴的肉。谢玉章,竟然像在自己家里那样,只穿了条肥大的内裤就跑出来找人算账了。他这条肥大的内裤,从前面看没有任何问题,侧面,他的那团毛茸茸的东西完全暴露无遗,甚至还随着他身体有些轻微的晃动。桂英一下别过头去,连连说了几个"呸",一转身就朝自己的房间里去,拿出剪刀剪了块红纸贴在自己的眼皮上。她恶心那堆毛和那堆皱眉挖眼的肉,她恶心自己看见的竟然是谢玉章的那堆毛和那堆肉。

谢碥的人可高兴了,早把梅小姐见够了,这次有人出来收拾她,谢碥的人心里无比痛快。黄花花的男人还乐得唱了歌:山中的老虎都见过,哪怕你这只落毛的狗……

袁瑛,公务员,现居四川眉山市,曾发表散文若干。

藏在草间

耿　立

　　乡村是藏在草里的。是啊,没有草的乡村是什么乡村? 不管我从外回来,是在什么时候,也不管时令节气,一踏到木镇的泥土,鼻翼里呼吸的味道就是草的味。那种清芬令鼻翼发痒,你喷嚏的滑稽就是草香逗你的结果。

　　黄昏,牛羊回圈,你看到他们的毛发上或皱折里,不是草籽,就是苍耳子的那种带刺的颗粒。草是不用播种的,有时席地坐在满是草的田埂上,随手抓一根草,用它剔牙,或者就拿在手里,用眼睛瞄,看汁液一点点渗出。那是草提炼的雨水的留存,还是他们自己的血液和灵魂? 人的心血来潮对草不是好事,他们受到伤害,但农人和他们的关系一直复杂。草们要做牛羊的饲料,草们要做房屋的顶盖。但他们与农人亲昵,父亲常说:老百姓和草一个姓,叫草民吧。

如果说草的生长使乡村有了些诗意,那也是乡村自己不了解的。因为自己了解自己是困难的,草是修饰乡村和庄稼的,也许庄稼太实用,人们对庄稼多的是感恩,是庄稼养活了一个又一个生命。草也养活了一个又一个生命。比如牛,比如羊,这又是低一个档次的,因此,草在乡村也是低眉顺眼,不声不张。即使春天,那些草尖从土里探出脑壳,也是怯怯的,你凑近了,草尖就接近于乌有,草色只可遥看。但是一场雨后,你到了地里,不知你有没有这样的经验,草是那样的热烈,满地的青。是不是草尖和草籽都张开了小嘴,那些封闭了一冬的小生灵们,仿佛与节气与雨水有过契约击过掌,他们在雨水的搀扶下,都站立了。

这时的乡村无论田野,屋顶瓦沟,无论砖缝,无论墙头,草们都不放过机会。草多了,也烦人,有时草就是霸道。

木镇的草,应该登记成册,我想没有一个人能全部说出那些草的名字:醉草、兔子酸、益母草、节节草,在水沟旁有一种草,叫茅根,秋天时候,它的穗子白白的,如满头的霜,但它的根细长洁白,拔出一节塞到嘴里,那股细细的甜就爬到舌尖直跑进肚子里了。

父亲说醉草最好,羊要是吃了,就如农人抓起小酒壶仰脖喝透了壶里的东西,那羊也醉眼朦胧地踉跄地回家。有时我就乱想,草是农人的兄弟吧,他们都来自泥土,终归于泥土,如《圣经》上说的,人间有许多的无名氏,草也有,草的家族叫得出名字的,

叫不出名字的,妖冶的,朴素的,秀美的,绮丽的,有时它们像与泥土和农人有合约,庄稼占据多少地方,草占据多少地方,草总是先长出迎接庄稼,然后相伴着走一程,实在闹矛盾了,农人就批评草们的霸道,开始用武器的批判代替批判的武器。镰刀、铲子、手,但我说草们在这些工具下不是牺牲,而是另有任用,到了牛羊的胃里,在牛羊反刍的时候,牛羊感恩的就是给他们温饱与生命的草们。

　　我曾思索过父亲对草的情感,也许深层就是对土地和庄稼的情感,父亲苍老如残照,脸与手粗糙得像龟裂的枣树的干,黑呼、扭曲,骨节粗大如枣树的树瘤。他的肩上四季有一个杞柳编的粪箕子,那里总是一些草或者干柴,喂养生灵或烧火。当他中风后恢复得不是十分理想,他开始下地,我们那里叫薅草,他的步履蹒跚,手指不能灵活转动。他最后还是没有把自己的一亩地交出去,他说,这地就是一个根,空闲的时候到地里走一走,听听庄稼的拔节,即使不干活,蹲在地头弯腰拽几把草,也比坐在床上好。我知道这一亩地对父亲来说,七分种草三分种庄稼,那是给自己、给鸟儿、给牛羊留的口粮,父亲算得很清晰,一年到头,该给自己多少庄稼,剩余的也不能亏待。秋季我回木镇的时候,发现父亲背着一粪箕子草,手里拄着木棍,后面是母亲给父亲拿着衣服,一对老夫妇走在远处开始升起的炊烟里。秋深了,父亲的头发也被节气赶白了,腰也被节气赶弯了,牙齿也被节气赶掉了,像霜降到来,草们一下就咽气了,这由不得你自己,该走的就要走,没有商量,也没有挪移。

但我知道父亲对草的感情,这使我想起一桩往事,那是在饥饿的生产队时代,我随着父亲在离河坡不远的地方看生产队刚刨出的地瓜,我把羊放在河坡。远处是割掉头的谷子地,秸秆如哨兵呆立,还有一个用草扎的草人,头戴一顶破草帽,木棍的手里捏着一块红布,褪色得发白,那是吓唬鸟雀的,如今历史使命完成,就孤零零地呆在田野,没有了躁动,也没有了喧闹,等霜降把他的头染白,然后等明年重来值班。

父亲卷了纸烟,用牙龈处残留的饭渣粘好卷烟的开口,闭着眼,划了火柴,猛地吸了一口,好像疲倦的土地一样,开始享受收成后的安逸。蓦地,父亲拍拍我的肩,把卷烟放在我手里,悄悄地说,吸一口。我诧异地望着父亲,父亲诡秘地笑笑,指指草人。我也笑起来,把卷烟拿起,跑到谷子地,把卷烟放在草人的口里。

木镇的人对草做的吓唬鸟雀的小人,是刻意打扮的,常是把自己破旧的裤子和草和木棒横竖一捆,就出来一个草人,用锅底灰和红纸描出眉眼,于是,一个草,像是被随口吹了一口气一样,就活在了大地之上。

在我的印象里,春天的草抓在手里有点绒毛的感觉;到了秋天的老草,再抓在手里,就感到扎手,草像长了骨头。我看见,在菜园,春风吹绿了父亲用树枝缠绕的那些篱笆,草开始踮脚遥望秋天的岁月;而秋天来后,那些草开始在风中,东倒西斜,再也挺不直。那草都斜向木镇的坟地。木镇有许多家族的坟茔,在阳间,大家聚族而居,死后也爷爷奶奶的辈分不乱。但草是一视同仁,该绿的时候绿,该黄的时候黄,往往有人给添土的坟茔,那上

面草就少些,每年的清明,后人把草芽拔去,七月十五把开始结籽的老草拔去。如果墓草覆盖了整个坟茔,那就是这家的人最后没有抗拒过草,不再在土地上繁衍。

人生一世,草木一秋,谁比谁久远?只有土地知道。人走了,有时在地上堆一抔土,草也许笑话呢,那土最终被草统属,我听到了草在草间的咯咯坏笑,毕竟笑在最后的是他们啊。

外一篇:狗年月

狗是木镇的另一种常住居民。他们也有户主身份,人们常说黑狗王家白狗赵家,而狗的主子是男是女,是俊是丑就省略不计。狗们是一种半自由的乡野流浪汉,喜欢到处走走遛遛,东嗅嗅西闻闻,行到哪里,还好跷起腿把自己的尿水作为记号,那往往是墙角、麦垛,或者是电线杆,碰巧你从此处经过,你才会感悟这才是与泥土柴草等味道混合的本色的木镇味儿。

我说狗是半自由的,是因为它有时在脖子里会被套上枷锁,守在门旁。但多半木镇的人是给狗以自由的,也许,是骨子里的规定,你给了狗自由,它内心也有枷锁在,也会守在主人的院落,一有脚步的声响,它就会竖起耳朵,满嘴猹猹,越是被拴住的狗,它越叫得厉害,想向主人表明,虽然我不是自由身,但对主人的忠诚是毋庸置疑的。

如果没有狗,乡村会陷入无边的落寞,少了许多生趣和乐子。夜晚因为狗,就有了深度,木镇的人睡着了,村里的各个空间,大街小巷顿成狗的世界,喧嚣的人和土地也不说话了,大家像要把晚上值班的任务派给了狗一样,人都疲乏得像喝了酒,开始在朦胧里谛听狗与狗,狗与远方,狗与道路的碎语。

　　在狗的猎猎中,不知不觉间,孩子大了,开始在狗的脊背上骑着晃悠了,鸟雀在狗的猎猎音里学会了啁啾,就是每一棵庄稼,每一棵草,也像贴上狗的标签。是的,没有东西会单独存在的,一切都与狗有关,特别是乡村,谁说它和狗无关,不是无知便是忘本。你就是把一棵树砍下,那些树的年轮里,也一定会找出层叠的狗的猎猎,因为狗的吠声是乡村的一部分,即使乡村的寂静,也是狗带给的,是狗的间歇才铸造了乡村的寂静,深巷犬吠,声如远豹,是王维描摹的静寂。

　　如果在木镇看到一只幼犬,你会想到幼稚孩童;如果你在乡间看到一老狗,你就会想到这是一个满身沧桑的物种,如人老了一样,内心会有很多的故事,但看到老狗淡定的样子,你也许会想不到它年轻时候的威仪,也许因为体格和膀头的美观,是附近几个村庄狗的嫉妒对象,也许在某个河滩与哪个母狗的初恋被它一直记忆和怀恋。但如今狗老了,毛长了,牙齿开始活动,腿脚不再灵便,即使春风过耳,再也唤不起内在的躁动,万事无可无不可,到了无是非的境地,要是主人念旧,它的晚年会好过些,如果主人是势利眼,难保它不会被刀抹了脖子,炖肉,然后把狗皮张在墙上,等狗皮风干,然后铺在身子下做狗皮褥子。

　　狗老了，没了火气，多了智慧，但这智慧不一定把安全带给它，也许年轻时建立的威严与厮杀，使它在乡村的地位保持一段时间，但不会太久，新的有名气的狗会接它的班，没有什么是终生的，包括老的狗，明智的话就悄悄躲在一边，看着夕阳靠回忆过日子，等岁月老去。这是命，任何狗也逃不过命，其实从小它们就受这样的教育，在谁家过活，在哪里死去，死的时候是壮烈，还是窝囊，这是命中注定。

　　我喜欢抚摸狗的脊背和耳朵，即使狗躺在你的脚下，它让你把身上的虱子捉去，那种无赖和懒散也是你喜悦的，人与狗的沟通对话对狗是一种享受，对人何尝不如是？我想，平等，不管看对方是植物动物，物种的差异并不重要，语言的差异也不重要，就像我们听风声，听庄稼的拔节，听蟋蟀在灶下的浅唱低吟——重要的是耳朵，比耳朵还重要的是敏感而善悟的心志。在我的想象里，我觉得狗在晚上，会挑着灯笼，迈着碎步，从东庄到西村走亲戚，那满脸是小心的笑容，他们从一家到另一家，从一处炊烟到另一处炊烟。狗把自己的家长里短告诉附近村庄的邻居，把对主人的感觉也告诉同类，我想，总有这样的狗，她会在亲戚面前泪流满面，是委屈，是长久的压抑，是看主人脸色生活的逼仄与无奈。

　　狗是乡间情欲的启蒙者，别看狗看家护院老老实实，规规矩矩，一场春风吹拂，就像有钩子把他们内在的魂和动力钩出了。它把脖子的绳索或者铁链子咬开，四处嗅着异性的气味。最使乡村看不惯的是在大街，在村头，他们公开地勾肩搭背，厮摸，然后，爬上对方的身子，然后在太阳下公开宣泄肉欲，公开在太阳下进行房事交媾，好像做一篇天地阴阳大乐赋。这是天地间最酣畅淋漓的风情表演，往往在乡村，某些动物，包括人，也会在狗的榜样的激励下，把身藏在骨头和关节深处的隐秘的情欲释放出来。

我知道，乡村有一句骂人的话：狗日的，这不是一句好话，但耐人寻味，要是人养了狗，使狗断了爱情，还有谁来接忠诚的班，那样，乡村就真的寂寞了。

耿立，作家，现居山东菏泽。曾出版散文集《遮蔽与记忆》。

乡村功课

周　伟

相　骂

一日三餐，三天两头，在乡村的角角落落，你总会见到相骂的人。生的、熟的，男的、女的。有时是两三个，也可能是五六个，有时是一堆人，也有时是齐刷刷的一家人、一个组的人、一个院子的人、一个村子的人，甚至是一房一族的人；也有可能就是眼睛看到眼睛、鼻子对着鼻子的邻里、婆媳、妯娌、爷孙、兄弟、姐妹、两口子，或者就是一个人对着天吼骂。他们呢，也并不是结下了什么深仇大恨，大多只是为了一只鸡、一兜禾或一句话，甚至什么也不为，只觉得胸中气不顺，就一律拉开架势开骂。

反正，相骂在乡村是司空见惯的事。相骂吃饭，天天不断。他们并不觉得相骂有什么好，但也不觉得有什么不好。也许过于平静的乡村，倒真是需要有一点东西来打破这平静。若真有哪一天乡村里不发生相骂的事，乡村肯定变味，乡村就不像乡村了。或者，乡村里一定出了什么天大的事了。

　　从早到晚，从春到冬，骂声如歌，与淡白淡白的炊烟一起缠绕在村庄的上空。

　　——你个兔崽子，太阳晒屁股了。还占着茅坑不出来，屙痢疾吗？懒人屎尿多，有得也要屙。你呀，真是越困越懒，越呷越馋，越懒越哈（蠢），越哈越窘。

　　——你个四眼狼！我瞎了眼，晕了头，懵了心，进山养狼，狼大伤人。

　　——你个三分不像人四分不像鬼！你个麻粒婆打水粉。你个坏酒的酒药。你个两头吸血的大蚂蟥。

　　——你逞什么能？装什么神？我告诉你，我走的路比你过的桥多。记住了：呷哪里的水，讲哪里的话。别"哇啦哇啦"个屁！

　　——听话听落头，呷菜呷香料。蚂蟥听水响，叫花子听鼓响。鼓不敲不响，理不辩不明。开水不响，响水不开。晓得吗？！

　　——嫁鸡随鸡，嫁狗随狗。穿得好，呷得好，不如两口子同到老。

　　⋯⋯

　　这些多是老的骂少的、大的骂小的，是半骂半教、半教半骂。

骂,是恨铁不成钢,恨佛面前不装香;教,是床边教子、枕边教妻、桌边教友、路边教人。挨骂的人挨骂时都是气鼓鼓的,事后想想,也有骂得对的,气就消了大半。后来,又有什么事不对,又挨了骂。就这样受气消气受气,日子一天天过来了。直到愈来愈少挨骂时,年岁也大了,人也明事理了。到了这个年岁,却少不了骂人,不是因为自己的年龄大了脾气也大了,而是觉得自己不去骂骂那些嘴上不长毛的后生,总是感到自己没尽到责任一样。骂时,感悟多了,情绪也上来了,声色俱厉。

乡村,总像一个一身有不少毛病的后生,在骂声中一天天地长高长大,变得人模人样。

虽然现在已拥有了一份欣喜,但他们哪能忘掉自己和乡村历史的悲苦,现实的惨痛。

——哪个偷了我的鸡呷?你个狗骑的猪困的,你个砍脑壳的雷打火烧的。你呷到哪痛到哪,你从哪里吃进去就从哪里吐出来,你吃一个死一个,吃两个死一双,今天吃了,你绝对活不到明天!

在那些年里,丢了鸡是大事。谁都晓得:鸡能生蛋,蛋能孵鸡,鸡又生蛋,蛋又孵鸡。没有人不清楚:鸡是乡村的摇钱树!鸡屁股是家家的银行!

——哪个放了我的田坝口?你生个崽烂鸟鸟,生个女没屁眼。

放水养田,生儿育女,一直是乡村里最重要的事。断子绝孙,没有收成,是谁也不愿意看到的结果。这种痛,痛彻肺腑,是一生一世的痛。

　　——你个天杀的。你个地埋的,你个鬼打的!

　　一个人,向着天,对着地,隔着阴阳两界,骂! 骂骂骂……只有骂,他才感觉到自己的存在和意义;只有骂,他才能继续给自己存在的勇气和信心。

　　骂天骂地骂鬼神,其实是想骂出一个属于自己的真正的世界。

　　相骂是什么?

　　相骂如盐,没有盐,饭菜无味,生活无劲,人也无神。

　　相骂如水,水能灭火,也能润田。

　　相骂如风,风永远不会干,风总是有自己的方向。

　　相骂如拉开窗帘,一览无余,有阳光和风景,有乌云和惨月。

　　相骂如碗,盛过酸甜苦辣咸,盛过人生的百味。碗,朝上是憧憬,扣下是绝望……

　　在乡村,相骂是必修课,相骂是启智课。它让不识字和识字不多的乡亲们,认识了一个个有声有色的方块字,一个个有情有貌、携手并肩的词和词组,还有一句句充满激情、旋律跳动的话语,一篇篇引人入胜的文章。

　　一次相骂的整个过程,就如同写一篇文章。起笔(开头)应领起全文、定准基调、富有魅力,收笔(结尾)应文断而情不断,言尽而意不尽,若"余音绕梁"最佳。当然,选材构思,谋篇布局,情节安排,主题表达,更为重要。一场精彩的相骂,如同一篇绘声绘色的文章,也是要运用各种修辞手法的。该双关时双关,该对

比时对比,该比喻时比喻,该夸张时夸张,该象征时象征,该比拟时比拟,该衬托时衬托,该联想时联想。有时运笔要用曲笔,有时运笔要用侧笔,有时只需点化,有时却需要铺垫,有时又要大加渲染。

这一切,都要思维敏捷,才情飞扬,匠心独运。所以说,乡村是个大课堂,相骂是篇大文章。

但是,除开相骂要有主旨外,还要有节制,这是个度的问题。什么东西都是有个度的,相骂也一样。一过了头,相骂——骂架——打架——打仗(打群架),一步一步发展起来就恼火,就控制不了局面,闹得乡村鸡犬不宁,断然就不是件好事了。

相骂,君子动口不动手。

扯 勾

在乡下,有太多太多的事情需要做出最后的决定而又难办时,人们便说:"扯勾。"

扯勾(即抓阄,家乡土话。我认为比抓阄传神,"勾"即"√",扯到勾,或是功课做对了,或是话说对了,或是路走对了),就是顺手扯几根枯黄色的草茎,把外面的一层乱草清理掉,留下一根根直条条的草茎,黄澄澄的,通体透亮。把一根根草茎断成一节节,长长短短,一把攥在手心里,紧紧地捏住,让每一段草节都留个头露在外面。露出的每一个头,都有可能是一种幸运。一百个头,就有一百种幸运的可能。

来来来,扯勾扯勾!

扯一根勾,就是扯一根救命稻草!

先是看,眼睛转一圈,再转一圈,又转一圈,从上往下看,从下往上看,又看拳头,这面一下,那面一下,再睁大眼睛看看每根指头间的缝隙,但实在看不出什么。又想用手去摸去掰做勾人的手,也都徒劳。

谁扯勾之前,都要做出这些无用的动作,心里面总有好多的念头窜来窜去。

生产队分东西,一堆一堆地在晒谷坪里码出来,或红薯、或花生、或萝卜、或白菜、或豆荚、或柴火、或湿溜溜滚了一身灰还在挣扎跳跃的大草鱼……只要是能分的,都垒成或大或小或圆或尖的一堆堆。做勾的人喊:"听清了吗?从这边数过去,一、二、三、四、五;从那边数过来,六、七、八、九、十……"然后,做勾、扯勾。扯了勾,就去寻堆子,往往这时候,总会有庆幸的,也总会有埋怨的,但无一提出异议,赶忙拿了东西回家,家里早等急了。有人回家向老婆报喜,说:"我扯了好勾,分得最好!"有人悻悻地对老婆说道:"手气真背,我这次运气差得很。下回还是你去扯,你一定能扯得好勾。"老婆并不埋怨,说:"算了算了,扯了勾的,又不怪你,快去洗萝卜,快去抱柴禾。"

弟兄几个分家,该分的东西都要分,争得脸红脖子粗。被分的东西有:房屋、粮食、农具、牲畜、木材、砖瓦、家具、碗筷……手心手背都是肉,哪个都不能偏向,爹娘只好叹息着说:"唉,要分就分,别再乱争,你们扯勾吧!"

　　两姐妹都到了出嫁的年龄，媒婆上了门。两姐妹穷怕了，都想嫁，都想早早地跳出这穷窝，却都不挑明，姐看着妹，妹望着姐。爹娘说："你们到底哪个先嫁？你们总要吭一声才是！"姐说："妹，你走，姐扛得住。"妹说："姐，该你！我再等两年也不迟。"让来让去，没有结果。爹娘说："不要让来让去，扯勾吧！"

　　要人上水库出工，要人看山，要人修马路，要人去公社办公差……谁去？是好差，人人都想争着去，不但清闲，而且工分又给得多，还能见见世面。这时，争也没用，只有扯勾，看谁的运气好。派的若是苦力活，卖力不讨好的事，人人都想躲开，这时，也只好扯勾，扯到勾的人，不想去也得去。

　　最大的事，莫过于选组长或选队长。也怪，组长或队长是生产队村民小组里最大的"官"，但那时，却没人愿当。究其原因，当组长或当队长不仅捞不到半点好处，最苦最累的活你要抢先干，吃了亏你还做不得声，喊不得怨。谁当？反正要人当！咋办？只有扯勾！后来，日子有些甜头了，队里有些"油水"了，人人伸手要当，要当组长或队长，甚至还要当村长，谁也不服谁。但是，一个村只能有一个村长，一个队只能有一个队长，一个组只能有一个组长，咋办？还是扯勾！扯到勾，小心翼翼地展开小纸片，心提到了嗓子眼。若是好勾，就像喝醉了酒一样，人立刻飘了起来，乡村的日子也就有些想头了。

　　如果说分东分西、派工派活，只是个简单的问题，而选组长、队长或村长这样的事，说大了，这是政治上的事。乡村的政治，就是日日在这扯勾中演绎，在扯勾中求得平衡。当然，有些时候，乡民们不如意时也恼恨这日子，恼恨这勾。但也就是一闪念的事，过后又原谅这日子，又原谅这勾了，怪只怪自己的八字命丑，认命。也许，这正是乡民的悲哀，这正是乡村落后、发展缓慢的一个重要因素。

但是，许多年来，乡村却笼罩在一团和煦的阳光中，村民的日子不紧不慢，过得平静，过得幸福。

幸福平静的乡村有一天到了不扯勾的时候，也许已朝前走了一大步了。往前走的乡村，不知能不能够仍然保持原有的平静和祥和？

乡村是要过原有的生活，还是要继续往前走？不知村民们如何选择。

也许有些人仍然犹豫不决，说："还是扯勾吧。"

这下，年轻人大多都会跳起来嚷道："还扯勾？扯了一世的勾，还扯！不扯了，坚决不扯了！要扯你们扯，我们走我们的！"

很多年轻人走出了乡村，走到了远方，走进了城市。扯勾的乡村，在他们的眼中越来越模糊、越来越陌生。

也许有一天，他们在城市受到委屈的时候会想起远去的乡村，会想起儿时的游戏：捉迷藏、打陀螺、骑竹马、下五指棋……玩游戏的时候，他们开始前都要扯勾、划拳，划那种剪子、包袱、锤，看谁先谁后，谁走谁停。

辟　邪

在乡村，在我们那个年代，辟邪尤为重要。

譬如你一出生，爱哭，尤其晚上，整夜整夜地哭，大人就会疑心你撞了邪了。家里无有银器、玉石辟邪，你娘就会用一个荷叶布包包了茶叶和米，用线扎死，再寻一根红丝线把布包两端固定，然后吊在你的脖颈上。管用不管用，是很难查究的。重要的是我们小时候大家都要戴一个茶叶米包。

你开始有了记忆的那一年，你站在门外开始打量着你的家，打量着你眼前的世界。你记得你踮起脚，首先看到的是又高又厚的两块大木门上一边贴着一张门神，都是戎装怒发而立，手执玉斧，腰带鞭练弓箭。再往上，门楣上端悬挂着一块玻璃镜子。你疑疑惑惑地看着。

你六岁那年，唐山大地震后不久，你们家乡那个小山村连续几日倾盆大雨，狂风猛刮。有人谣传，要发生地震了。你的奶奶坐也不是站也不是。后来跪在神龛前，还让你也跟着跪下，跪在观世音菩萨的塑像前，久久地跪着，双掌合十，举过头顶，头匍匐而下，嘴中唠唠叨叨：菩萨，救苦救难的观世音菩萨，快来搭救这方草民呀！您看孩子们多听话又上进，不能震他们，实在要震，把我这个老不死的震了……一连数日，每日清早奶奶都要带着你去跪拜，去讲情。也许是菩萨感动了的缘故，你们的小山村没有遭受地震的劫难，奶奶也没被震了。奶奶从这以后，每年都要去三次白马山观音庙（三月十九、六月十九、九月十九观世音菩萨生日之时），斋戒三日，虔诚膜拜，拜倒在"大慈大悲救苦救难南天灵感观世音菩萨"的莲花宝座下。一直到她八十五岁那年，奶奶从不间断。

奶奶还老爱看相。看相的一来，准牵着你的手凑拢去。瞎子摸相时，一律的先捏捏摸摸，然后，半天不说话。最后，说话时，直说好相好相，绝好的相！两元钱。奶奶竟然真的给瞎子算命先生两元钱，窸窸窣窣从裤腰袋取出包了几层的手帕，翻了好一阵。瞎子走时，奶奶还说，娃儿坐了两座文昌，值！这一年，你进了学堂门，读一期的书才用九角钱！

读三年级的一个晚上，王老师突然来到你家。她望着星空，说："××，你信吗？地上少了一个人，天上多了一颗星。"然后她久久地不说话，只顾望着天穹。你呜咽了，喃喃地说："我信，我信！周老师就是天上那颗最大最亮的星星，他看见我了……"天上许多星星闪烁起来，很亮，把光辉大方地倾泻在你的身上。

又到五月五。挂端午。划龙船。呷粽子。

每年的五月五，都是你和小伙伴们的快乐日子。今年，不知是那几日患了感冒多痰气喘性躁，还是读了高小长大了的原因，反正一回到家，看见家里的门楣上、屋外的墙壁上到处挂着艾叶、菖蒲，气不打一处来，伸手去扯，奶奶挡住，字正腔圆地讲：断断动它不得，有它，驱鬼守屋护身！娘讲，用艾叶烧开水洗个澡，你也许会好些。娘烧了一大盆水，放在你那间屋子里，把门窗都紧闭了。你脱了衣服先在澡盆上用水蒸气蒸，随一屋子的艾叶芳香弥漫每一个空间，你感觉到你的鼻子、口里、耳朵、头发里、肺部、心脏……都被这奇异的芳香浸入。然后，你用艾叶水滑滑地洗了个澡。晚上，你酣然入睡。

多年以后，你还老是记起长相丑陋、凶神恶煞的太大子出口

闭口都是一句"谁敢在太岁头上动土?"

这太大子是你最憎恨的,早先年总牵着奶奶去大队部,批奶奶,斗奶奶。奶奶总是默默忍受,她说她家成分不好,她说可不敢和他顶,他是岁神呢。这太大子不光是凶奶奶,见一个凶一个,就连见了你,前几年分谷时,都吼:四属户狗崽崽,看,看,看什么,我想给你分多少就多少……还好,几年以后他已不是大队长了。不是大队长的他,仍旧仗着村长是他侄子,还是那句"谁敢在太岁头上动土?"他家放田水时,他硬是把你家刚打过肥的一田水全放到他家的田里去了,给了你家一田清水。你娘找上门去论理,他不仅不赔理,还走到你家田里,把你家田里的水又放掉了大半,还凶:"谁又奈得我何?哼,谁敢在太岁头上动土?"

娘气得瘫在床上,远在外地开会的父亲两三天又不可能回来。十三岁的你一把锄头高高地擎在肩上,一把杀猪刀插在腰间,向太大子那块水田走去。结果是,太大子家的水田干成了一块地,太大子还赔了你家的肥料钱。

奶奶真不敢相信,说,他可是岁神呢。你说,神也有善有恶。神是人立的,人能立它也能毁它。因为有一天,你看见村口那座庙里的太岁神被谁抽了筋骨打得稀烂,用手一摸,原来太岁神是土捏的。

有一年,不爱张扬的父亲匆匆忙忙赶回家,进进出出,里里外外喊:快卖谷,卖完谷,全家就进城!卖谷时,请了五伯帮忙,从仓里一簸箕一簸箕地簸出来,一担一担地担出去,担到小学的操场里,装袋,上车,运走。

你按娘的吩咐去锁仓门时，却发现仓底均匀地铺了一层谷粒。你当然没有告诉父亲，但你问了娘，娘神色庄重地说，祭仓呢！

进城，参加工作，然后结婚。结婚后不久，你和妻子因了性格和爱好上的不同，总是到一起就拌嘴就斗气，好几次还动起粗来。鸡犬不宁，却又都不说散伙。双方父母就一个劲儿地生气，埋怨你俩当初不听她们的话，没有合八字。

你晓得双方父母说的并不对，但你又能说什么呢？你只是悟出一个道理：爱情婚姻，说到底是一个合字，一个合得来的合字，合不来是人各一口。你平静地和妻子说了。后来，你和妻子慢慢地磨合好了。

……

也许有一天，一切的热闹，一切的荣辱，一切的一切，都与你无关。是它们离你远去，还是你弃它们远行？

你将睡在黑洞洞的"千年屋"里。再黑，也是黑的静，黑的净。你是真真的安定了。

到那时，你自然会知道：邪不胜正，心定无邪！

周伟，作家，现居湖南洞口县。主要著作有散文集《乡间词韵》、《乡村女人的风景》等。

大雨把人赶回村庄

王卓森

　　一些纠结的白云，突然间变成了乌云。

　　乌云聚拢到村庄的上空，田野上立即有了一些明显的凉爽。

　　许多人在田里劳动。躬腰插秧的人站了起来，在草帽下眯起双眼仰望着天空，两只黑泥手垂着，泥汁一滴一滴往下淌，整个人倒映在水田里，两只腿的影子如弹簧般弯曲抖动，成了一幅滑稽的漫画。山坡上放牛的少年牵着牛绳不放手，生怕牛会被乌云吓跑，脸上露出一丝笑容，等待着雨中的嬉闹。人们开始赶回家，门町上正晒着稻谷，屋瓦上正晒着萝卜，就算没什么赶在雨前收拾，大雨泼来，雷电抖擞，地里什么活也干不了。这样的雨景经常在乡村出现，一切都从一片片飞来村庄上空的乌云开始。

有人说，乌云来得那么快，是不是它们早藏在多文山的后面。读过初中的王来说，那些乌云说不准几个月前就从太平洋飞来了，好不容易的。有人就笑王来："说不准你王来几十年前从香港来呢！"

说话间，雨粒砸下来了。人们往村子里赶，赤脚，扛犁，鞭牛，挑担，竹筐里也许坐着两个童孩，头上顶着一张山芋叶。

雨是神圣的，饱含着力量，谁也无法阻挡。

母亲这时也赶到了家里，"唧唧"叫着点数家里的鸡。院墙边香蕉树肥大的树叶下，母鸡很细心地把小鸡笼在翅羽下；公鸡站在一旁竖起了一只脚，它们鲜艳的羽毛在雨中明亮耀眼。雨水弹在蕉叶上，像一颗一颗绽开的白花蕾，然后碎裂，流成一条条水线。父亲总是慢一些回到家，因为他要到田头锄开水口，让多余的雨水从田里排出。还未到放工的时间，因为大雨就回家了，没干完的活还搁在大人心上，父母就很担心新插的秧禾被雨脚打湿，担心菜园里的菜苗被雨水沤烂。

雨水消退了暑热，新凉从天边漫过来，风浸过雨水，一阵一阵吹着，看门板上的秦叔宝似乎也有了表情。我是很喜欢雨天的，因为这样，父母就可以早些收工，因为歇着，母亲就会煎几个蛋，让我和父亲喝一些酒。

雨水积得越来越多，漫上了院子前的围阶，小蛙崽天还未黑就呱呱叫起来，竟然还有我们叫作"埂鸟"的长嘴鸟飞到院前的草丛觅食，让我用弹弓打下过几只。这时在谷囤边堆放了一两

个月的红薯也长出了蔓,母亲捡出一些煮熟,黄黄软软的在雨天中呵着热气吃下去,有一种无名的喜悦。

村庄小卖店里开始来了穿雨衣的年轻人,他们也没什么事,因为雨天老板娘不给打开电视机,不打牌就聊天,议论一些简单的问题,说着说着就争得很复杂。比如议论秀高家养的黑狗喜欢吠人,连白天也吠个不停,跟秀高的女人差不多。秀高的女人跟村里几乎所有的女人都吠过,为了几个南瓜被偷,或者被手电筒的光划了一下脸就吠人。秀高劝不过来,还挨了几次耳光。这女人原来也不是这样,有人猜,是她生了几个女孩没生到儿子,让镇干部架去结扎了,被人看不起所致。也有人说那是遗传,她娘也是个吠人婆。雨中的小卖店里,烟气缭绕,言语自由,不到现场的人都有可能成为议论的话题,有时争起来还要打架,被人两边拉开,互相递了烟,又没事的转上另一个话题。老板娘站在柜子后面,两只数过不少钞票的眼睛放出光来:"吃饱吵饿!"

一个雨天,文北村的补锅禄蹭到我家来避雨,爷爷跟他喝起了酒。补锅禄向爷爷铺陈了他走村串户的事业,补过几千口铁锅,喝过几百个村庄的酒。爷爷也说开了他在石碌铁矿做泥水工的往事,一天三顿干饭,一礼拜看两场电影,领了五张奖状一个脸盆。两人趁酒漫说了很多话。后来的一天,补锅禄又来了,拎了十斤猪肉,五斤饼干,挂在灶台上。爷爷从十斤猪肉中割下两斤做了菜,两人喝了酒。补锅禄起身走时,爷爷让他提走了剩下的八斤猪肉。奶奶什么都看明白了,只是大姑不明白。补锅禄的大儿子是个退伍兵，穿着军绿色的上衣来到我家帮忙插了一季春秧后，大姑才知道了事情。

　　大姑出嫁那天，整整下了一天雨，一些嫁妆都淋湿了。

　　雨中的村庄还发生了许多事，大雨收拾了一些事物，也收拾了一些人的习惯。村前那棵老榕树的枯干断掉了，但没砸着人。定路家的母牛刚生下了幼犊受了凉夭折了，定路眼睛红了几天。明德家的老房子木梁塌了，瓦片碎了一地。业财老人临终前，让几个儿子给他披上雨衣，扶上牛背往地里看一圈新埋的蔗苗后回到家就放心闭上了眼睛。张恩惦挂着庄稼，荷着一把锄头冒雨去给秧田排涝，被雷电掀倒了，大家把他抬回村里，用沙子埋到脖子，命捡回来了，但胆子没有了，一下雨，张恩就最先跑回村庄里。张恩应该是第一个被大雨赶回村庄里的人。

　　父亲与张恩不同，他是最后一个赶回村庄的人，往往雨脚已从天际赶来，他还在细心地收拾农具，淋雨就坏掉的化肥和种子是父亲无论如何最先收起来的。所以，父亲用草帽夹着化肥和种子赶到家时，大多已成"雨人"。

　　父亲的从容很让母亲担心，母亲早就说过，是石头也会被雨水沤烂的。父亲不当一回事。雨水能长庄稼，也会弄坏一些东西。父亲的身体就是让雨水弄坏的，腿关节落下了慢性风湿。

　　雨中的村庄，黑色的屋顶上升腾起一阵阵白雾，雨声盖住了牲口的叫声，却盖不住母亲们雨中的唤儿声。母亲坐在缝纫机前做针线活，缝补我和弟弟的破衣服。此时，我们一群童孩已悄然来到村庙前的空地上光身淋雨，嬉闹奔跑。母亲就不停地叫

唤我和弟弟的名字,她的声音从村东头穿过村巷和苦楝树的枝叶传到村西头,别人的母亲也跟着叫唤她们调皮的孩子。此起彼伏的唤儿声从那一场场淋湿村庄的大雨中传来,直到我们懂得怀念雨天的后来。因为年纪小,我们不相信大雨能把人赶回村庄里。

外一篇:水产码头

水产码头于岛民们的重要意义,很多人是立马说不上来的。可是,当你下身急上心头时,你无条件必须做一件工作,就是提着裤头闪进一个排泄的空间,像个哲人一样蹲着,思索着某个千年不变的命题。这时你手里抓着一缩软如绢白如雪的纸巾,且如果你对这洁物如何来到手中,产生了一个萨特式的问号,那一定很有趣:它肯定由一座工厂出发,沿着网状的路途,让车载了船浮了长旅至批发集散地,经各大小商贩辗转抽利,最后才厕身你卫生间里俯首待命,在你努力完事后帮你去除脏臭污迹,干净做人,然后,你好生人模鸟样地经商做事于商楼大厦之下,穿行流盼丽人狗屠之中,饮食男女于烟火人间之上。

至此,你终可以明白了水产码头作为一个全岛最大的日用品副食品集散商埠,它是多么了不起的一架分送机啊!它所承担的实际功能,所扮演的角色,一定程度上攸关七百万岛民的生活情绪。一日三餐的吞吐，日常用项的更换，水产码头每天向你含笑招手，以它的阔气和仔细分类让你抽脚难逃，几百种快食面，几百种减肥茶，几百种拖鞋，几百种计算器，几百种女胸内衣……水产码头把超市和摆地摊，把柜台选购和武大郎式的沿街叫卖，把现代企业的信誉经营和传统土商的奸滑泼皮，相安无事地邀约一起共奔财路。它从早到晚，人喧马叫、万商争鸣的繁华热闹，复习着一角清明上河边的宋东京城，展览着一个容易忘记昨日伤痛的物质时代。

　　水产码头，它长不过一里，宽不过十米，路面坑坑洼洼，门前无树无花。两旁三层四层的商栈的额头上挂满了膏药一样的招牌，阳光斜斜的脚步每天从这些五颜六色的招牌上走过，店家的生意也日日光明起来。商栈里边除拉尿的隔间和摆放赵公元帅的神龛，主人在角角落落都嵌满了货物，一直堆到门口，才于危逼欲塌之处突然豁出一线天地，搁一几喝工夫茶嚼槟榔果，置一桌写单提货，支一椅闭目养神和算计。这些商号一栈挨着一栈，整条街呈一个曲尺形的建制，从一脉奔流入海不回头的海甸溪边繁荣开来。山西的面粉，山东的饲料，江苏的布帕，西南的糖烟，上海的文具，广东的饮料，还有名小地偏的一些沿海渔镇干湿水产，在眼麻嘴利的各经纪皮条、经销老总的照应下，这千种万宗货物先麇集这里，再辐射到全岛三市十七县三百余乡镇。在通往岛内腹地和四周市县的中线、西线、东线林荫公路上，你常看见一种辛勤跑动的蓝色芙蓉货车，上面载着小山一样的货，货上坐着打盹的人，沉如红薯的脑袋在风中摇晃着。他们隔三

差五便从海口摇晃着一次脑袋回家,以小商贩的精明和不足睡眠把水产码头的功能延伸到乡镇小集市。他们大多是放弃了土地的农民,在一个偶然的时空里进城,摸石子过河从事初级商业,而乡村的习惯又使他们言语和举止都残留着泥土的气息,他们隐隐约约感到自己有别于正规的城里人,至多只能算个亚市民。他们没有商科的专业知识,但在相持难下的交易中精确地口算却锱铢未差。他们把商品流通链的最后环节推向乡村,从而获得了简单的成功。小城镇四周渐冒渐多的小炮楼似的住宅,是他们中先富起来那部分人的标志性面孔。这类建筑物树小墙新,绕着坚固的钢制防盗网,镀膜玻璃窗在早晨初升太阳的照耀下,闪射着刺目的光芒。大门两侧贴着对联红纸:生意兴隆通四海,财源广进达三江。从这两行金字间走进走出的主人常常要迎纳邻居恭敬有加的问候:"老板你吃了?今天不上水产码头进货?"老板仰脸一笑,不置可否,仍然快乐地忙碌着,上衣纽扣扯断了两粒还没闲让老婆钉上,勒索在皮带里的猪油肚皮便鼓露了出来;头发也顾不上理一理,眼角还挤着昨夜的屎虫。这些水产码头培育出来的乡镇级商贩,苦做苦吃之后正阔步走向甘甜的生活。

尽管岛上经历过几波高潮低潮,水产码头也没有多少无奈的记忆,它总是这样热闹着。立在街口的银行储蓄所可能是世界上最忙的钱庄。一天到晚,进进出出的人和进进出出的账,使这里的钱如烫手的芋头,从这只手到那只手极快地传递着,把交易终日维系在一种亢奋状态。然而一天快过去的时候,这里又成了一座空城。黄昏时分，各商号会依时陆续把白天的售货现款一斤一斤地提向钱庄，第二天早上再提回，好让夜里安生喝几圈工夫茶，放心高枕。天有不测风云，谁知道哪个夜黑风高的晚上，遇到专吃夜饭的梁上君子，潜入栈内摸银，或有那恶从胆边生的强盗，砸门硬来，架刀行凶，人财两伤，岂不担惊受苦？不过，现在的水产码头已经成了潮汕人的天下，它整日被淹没在一片铿锵的潮汕语之中。各店家由于都来自同一家乡，生意上虽有较量泼水，但在对付黄毛悍贼上却团结如一人，半夜有何商号呼救求助，便应者云至，猬集抗贼。汕头籍老钱从当初一介在阡陌上挑粪如飞的菜农，到十年后的今天已演变成专营煤炉灶具的豪气老板。他每晚敞门至深夜，与一群老乡抱水烟筒围坐喝工夫茶，共讨联防及商务事宜，一切都因日久年深而形成了默契。聪明过人的潮汕商家把一里长的水产码头经营得稳当茂盛，游刃有余就像表演在家门口。

水产码头走到街尾水边便停顿出一角小码头，每天都有百十吨重的木船停泊，高高的桅杆直指蓝天。常见水泥、石灰、石矶、酸菜缸、海鱼从船内起上岸，光膀子的民工背负货物在水陆之间的一段木板上步履艰难，吆喝声不绝于耳。几座仓库式的楼房终日闭门沉默，一架横在空中的货槽看来已丢荒多年，而热闹的鱼市在每天凌晨开始。

根据一位老船长的回忆，水产码头的前身是几方水塘。我想，消逝的水塘一定曾经是这样的景象：塘边绿树青葱，飞鸟绰绰的影子倒映在水里，啁啾声落在晚霞中。今天，这些当年的水

塘、绿树、飞鸟的影子和啁啾，已躺在几千家商栈的下面永不再见天日。

是的，谁会在这里犯傻开店批发零售水塘、绿树和鸟声呢？毕竟，我们挣钱要比花草鸟虫重要得多。上班下班路过水产码头，我常常被它的发达兴隆所感动，以至于一言难尽，那真是：看它家大业大，看它人杂心多，看它平展展的大地上楼塌了，又看它楼起了。

王卓森，作家，现居海口。主要著作有散文集《村庄的私语》等。

集

胡　弦

一

　　集，群鸟栖止于树上。

　　是那些高大的树木才适合栖止。一棵树本身就是一部神话，碧绿的叶片，脉纹，纵横的道路，河山，树体内的黑暗，花朵的灯盏，地下，树根盘曲的隐秘之乡……繁复的意象，对应着一个人、一群人、一族人在世间的流徙、遭际、命运。是那些粗壮的树股才适合托付，做巢，做爱，哺育，生儿育女。最早的人曾学习鸟的生息（有巢氏），他们从鸟儿那里得到过另外的翅膀。

　　集，一棵树的奇幻、灵异的枝杈，数不清的、一刻也不肯安静

的喧哗树叶。

集，繁密的根系——细如绒毛的根，粗崛、有力，使土地的心震动的根。

集，树林。

集，大树下的生活。高高的绿色冠盖的佑护，伐倒的木头建造的屋宇：梁、椽子、门、窗子。打制的木器：床、箱柜、桌凳、条几、碗、托盘、筷子、砧板、拐杖、木梳……烧柴，锅底下腾漾的烈焰，灶屋里弥漫的烟，每天涌动的温热生活的香气。

集，村庄的生成。在苏北北部，宽达数十里的黄河故道上，如今分布着众多的村庄。数百年前，黄河北徙后，堤外的人渐渐移居堤内，如今，一座烟火鼎盛的村落，也许当初只是一棵树，村人的祖先，也许是一个最早在树下搭建了草庵子的人——他在此成家立业，借助一棵树埋下了自己的家族根系。或者是他招来了伙伴，集体开荒，建造了村庄。村庄，集中于当初黄浊波涛奔走过的地方，人烟喧哗，像遥远波涛留下的回声。

每一座村庄都是一座树林。那些树是杨树（高大、笔直）、柳树、刺槐、家槐（如隆望长者，奇崛的树干和浓密枝叶构成的须仰视的威仪）、椿、桃树、枣树（二大娘家院子里的一颗，满树甜蜜的小星星）、杏树、土桃子、桑、银杏、松、柏、泡桐、苦楝树……那些鸟是老嘎儿（麻雀）、画眉、鹌鹑、黑老鸹、喜鹊、青丝（有着树叶一般青碧的羽毛，娇小，鸣声清亮）、白头翁、啄木鸟、燕子……

柴门：篱笆院墙上的外门，许多树股权的集合体。板门：剖开的树干做成的厚重木门，堂屋或偏房的门，门上罩油亮黑漆，散发出新木和新鲜油漆混合的奇异香气,门上的春联(那一颗颗繁体、简体的汉字也像鸟儿,在一片红光中拍动翅膀,祥瑞和欢喜在院子里和堂屋里荡漾,光线暗淡宁馨的屋内,高高的屋梁凝视)。窗棂和床板上雕着喜鹊、腊梅、嬉戏的儿童……

集:树、鸟、人合而为一。

二

集——集市——赶集。

集市,是乡人约定俗成的贸易场所,一般设在稍大些的村庄,这样的村子,是大队(后称村)或公社(后称乡、镇)政府机构驻地,至少要有一条较宽的街道,或者有两条(交叉成十字),三条以上的已属大型集市,要数十里才有一个。逢集的时间也是约定俗成的,设为尾数为一、三、五或二、四、六的日子,或者以日期的尾数为单数或双数时设集,有时也会由单变成双或由双变成单,或由一、三、五或二、四、六改为单双,或隔一天设一小集,隔三天一大集。

在相当长的时段内,集市仍是乡村里最热闹的连贯性节日,赶集也仍是最常见的贸易和娱乐方式。人声鼎沸,四邻八乡的人挤作一团,在狭窄逼仄的街道两旁,或站或蹲表情各异的货主,面前摆满货物:谷子、玉米、小麦、草绳(搓草绳的手黧黑,络着青筋,现在端着旱烟锅子)、蒲包、肉、熟菜(猪耳朵、牛脸、蹄筋、白水羊肉……在架子车上的玻璃柜里散发浓香,闪着诱人的

油光)、鱼虾、青菜、布(卖布的人脖子上挂着细蛇样的软尺,手里拿着硬的米尺)、镰刀、锄头、水果、笤帚、藤筐、自制的糕点。不时有人停步,询问,或弯下腰来与货主讨价还价,相互间批评、自夸、嘲笑、反驳,仿佛用语言掰手腕。一种货物会碰上一百种意见,犹豫,顾左右而言他……小吃铺里坐着头发斑白的老者,他们赶集不为买卖,只为喝一碗羊肉汤(碗里飘满红红的辣油)并配吃一块壮馍(一种大如锅盔厚如手掌又硬又香极有筋道的饼),吃得热了,脱下帽子,露出热气蒸腾的油亮脑门,也有儿童骑在汉子宽硕的肩膀上或牵在母亲的手里,嘴里嚼着零食,或吹着气球,或拿了糖人、米团之类的小食品,仍左顾右盼,索要刚刚入眼的什么东西,得不到满足者哭哭闹闹,遂了心愿者笑逐颜开……如波浪般漾动的人群涌过的街区,我熟悉其中的每一个细节,无事者的快乐,寻觅者的焦灼,不动声色者内心的微澜,老者的安详,光脊梁的宰羊人皮裙上的膻气,隔街相望的陌生青年男女眼中的火花。我还熟悉稍稍离喧闹中心的集市边缘的快乐,那里是娱乐场所散落的地方:巷口拐角处的象棋摊,耍猴子和耍狗的场子(围拢的人群,吆喝,响亮的鞭子声、锣声、喝彩声),池塘边的书场(唱大鼓书《五鼠闹东京》,或在铜片的叮当声里说山东快书《武十回》,或两三个人唱柳琴)……我曾深深沉浸其中。听书,小孩子是不要钱的,大人却要交钱,也有听到临尾拔腿先开溜者,遭到演唱者的顺口谴骂(树要皮来人要脸,哪有听书不给钱……)

在北方众多的村镇,在或宽或窄的街巷中,我曾醉心于它的喧哗,醉心于夹杂着各种混浊气息的温热拍打,和由此带来的水、疼痛的沙粒——

三

　　集,村庄的名字:王集、辛集、曹山集……村庄的命名中,有时暗含着它的历史,王集,可能始于一位姓王的拓荒者。曹山集,除了说明曹姓人家在村史里的悠久,也顺便指出了村子的地理位置:在一座小山的脚下。

　　我童年至今印象深刻的以集字命名的村镇:

　　[管粥集]一座柔软的村庄,距我出生的村庄杜楼村六华里,属安徽省萧县,地近黄河故道中泓,村外是连绵数里的万亩果园,村子几乎一年四季淹没在花果的香气里。但村庄的得名,却与一个传说有关。据说当年乾隆皇帝下江南曾在此歇脚,又饥又渴,村人以麦粥馈之,乾隆食后神清气爽,精力复振,以此粥为美食,遂赐村名管粥集。我们村有个漂亮的姑娘嫁在这里,她大我十多岁,我对她曾怀有朦胧的爱意。我上小学四年级时,曾有一次逃学,跑到这里闲逛,却与她在街头巧遇,她领我在小饭馆里喝粥,吃糖糕。她静静地坐在我对面,看着我吃,而我却因羞涩和惭愧几乎不敢抬头。她大约是在供销社里工作,气质素雅,不同于一般的农妇。我至今记得她美丽的面庞和身上的淡淡香气。

　　[黄集]黄集人民公社政府驻地,我在此读初中三年。早年

的徐丰公路（徐州—丰县）从镇子里蜿蜒穿过，现已废弃多年。
一座灰色的镇子，青灰色大瓦的连片屋顶，粮管所刷着石灰水的
灰白围墙，那上面被新新旧旧的标语覆盖。学校在镇子西头，毗
邻酱油厂，坐在教室里，常能嗅到隔壁围墙内飘来的诱人香气。
镇里有一条东西大街，放学后，家住镇上的同学顺街向东涌去，
散入街道两边的小巷子。接近街道的东头，街心砌着一个高台
子，台上矗立着高大的照壁，壁上绘有毛主席面带微笑的挥手巨
像。我那时的感觉是，这座小镇，以及更多的村镇，甚至整个大
地，都在顺着巨像挥手的方向缓慢移动。台子南边是公社电影
院，空旷，黑黢黢的木梁屋顶，我在其中看过几次电影，还看过一
场梆子戏《王华买爹》。戏中的男女主角是我一个同学的父亲和
他的小姨。他领我从影院的角门进去，悄悄溜进后台。我看见
正在往脸上涂油彩的演员，艳丽的戏服、凤冠、彩旗，仿佛处身于
一个奇异的空间。我的手指拂过墙上挂着的不知是马鬃还是人
发做成的长胡须，因激动而有些微微的战栗。

[郑集]徐州西北方向最重要的大集镇之一，我毕业后的第
一个工作地。解放前这里曾一度是铜山县政府驻地，东去二十
里接微山湖水，徐丰（徐州—丰县）、徐沛（徐州—沛县）公路在镇
西分叉，北去经沛县入山东（菏泽），西去经丰县入安徽（砀山）。
镇上常住人口近万，北部全为民居，高台老屋，硕大的青砖砌的
高墙，青色小瓦，苔藓，瓦径里的荒草。一个地主废弃的宅院里
曾设过成人教育学校，院子里一棵千年唐槐将十余间屋宇遮蔽，
古旧沉郁的气息让人的心时时要沉到时光明晦交织的深处。镇

子南半部是工业区：纱厂、工具厂、八一厂（从事机械制造与修理）、轧花厂……通往煤矿区的铁道，路边堆积的煤炭，成垛的木材，巨大的水闸，宽阔的河水通向微山湖，在清晨的浓雾中开来的机动船，满载着湖里刚捞上来的鲜鱼、虾、菱角、荸荠、藕、蒲菜……

　　［符离集］从徐州沿津浦铁路南下入安徽宿州地界，有一小站，水泥站牌书"符离集"三字，车窗外闪过平房、楼房、街道，不知什么工厂的厂房和烟囱，广告牌……很少有客车在这里停站，它对于奔驰在这条铁道线上的旅客只是一闪而过，虽然许多人可能正撕食着这个小镇上出产的美食——符离集烧鸡。这个闻名遐迩的镇子，对我一直是神秘的，包括它的名字，每次列车经过的时候，我都会望着它出现，又没入浩荡的黄淮平原深处，感觉它谜一样淡淡的影子和在外地响亮的声名有一种秘密的对称。只有一次，一趟临客在这里停靠，我下车五分钟，从月台上的手推车里买了一只烧鸡。站在小站内，视线被车站的房屋和树木阻隔，根本看不到镇子的其他部分。隐隐有混响漫进车站里来，那是镇子发出的喧响，但仅此而已。手里的烧鸡散发着浓香，扯开金黄的表皮是雪白的鸡肉，味道好得让舌头几乎要化掉。除此之外，我发现，我对这个镇子至今仍一无所知。

　　胡弦，作家，现居南京。主要著作有诗集《谛听与倾诉》、《十年灯》，散文集《菜书》、《爱，刚刚来过》等。

遥远的乡村

张怀帆

乡村的声音

那时是月夜，整个村庄都在安睡，我躺在土炕上，微闭着眼睛。我在听着一种鸟叫：黄杠！黄杠！叫声遥远却清晰，柔弱却坚定，像平静的呼吸，又像单调的钟摆。它仿佛就在我家对面的山上，又似在很远很远的地方。那只鸟，为什么在月夜里独自啼叫？它是在为那片山冈、树林还是月亮？会不会也为了我？它想给我说什么？不然为什么把我叫醒？月亮亮光光地映进窗纸，我突然觉得它会不会是一个人的魂魄？但是那声音平静极了，丝毫听不出它的心思。那叫声柔弱，就让我起了相思，就让我慢慢地生起了忧伤。我还想，它在唤起我心里沉睡的某个部位，或者曾经种植下的某个深深的遗忘。那么，是不是我的前生跟万籁俱寂的月夜有关系？跟一个山冈、树林有关系？这其中有过怎样凄婉的故事？为什么我已经忘得一干二净？那么，让我随着叫声上路，越过窑洞、烟囱、畔上的枣树、门前的小路，越过小溪、田地和庙宇，沿着鸟的叫声，沿着月亮的足迹，去找寻丢失的记忆……而事实上，那个时候，我在鸟的叫声中沉沉地睡去。

还是夜晚，风一遍一遍地敲击窗棂，甚至故意把院子里的某个农具撞倒以发出声音。我的父母，因为白天的劳动已经疲惫得只有鼾声，所以它只把我叫醒。而我也想，它就是为了叫我的。它在院子里，发出了粗重的喘息，又像一个男人焦急的步子。它有什么急事？叫我去干什么？可我为什么又躺在炕上，不为所动？这股风，它来自哪里？放下大路不走，偏偏要拐进我们这小村，又偏偏要叫醒我。它到底想要我做什么？电线呜呜地响，星星也许都被吹落。它那么焦急，可我没觉得有什么事急着要做。我没敢出去，不担心它是强盗，而是怕被它掳去，到我不熟悉的地方。我能听见，它从我家院子离开，再没绕弯，直接到高处去了，到了很高很高的地方，再没了声音。我一直惶惑，这个家伙，它半夜闯来，到底要对我说什么？肯定非常非常重要，可我就是不能明白。第二天，我发现门前的一棵树被它掳倒了，它携带走了树身上的什么？那棵树能替代我吗？

有时在夜晚，村子里的狗疯了一样地朝一个方向群追而去，

集体发出愤怒的咆哮,有的还像被石块击中一样发出疼痛的尖叫。不,深夜里,这样的小村不会来外人,狼更有几十年不见了踪影。每当这个时候,父亲就抓住我说:快睡、快睡!我闭上眼,听着那叫声,同仇敌忾,势不两立。它们肯定在咬一个确定的对象,而那个对象也必定是强大的,不然不会对峙那么长时间。那么,到底是什么?我常常会想到是一群鬼魂或幽灵,它们曾是这里的先人,但却再也回不到他们的住处。而这些狗,更像村庄的捍卫者,它们警醒、灵动、团结,誓死保卫着这个小村。它们相信,活着的人更重要,而游魂,最好不要打扰小村的宁静,还是远离曾经的故园,去开拓属于自己的家园。第二天白天,村庄的狗各自安静地卧在院子里,不像昨晚发生过追捕和战争,而且并没有哪一只狗身上有任何轻微的伤。我感到一种深深的敬畏和说不出的震撼。这样的追捕还发生过多次,每一次,我都无法平静。后来当我在外上学,在一个傍晚回到家的时候,村里所有的狗都追了过来,冲着我狂吠,我突然感到悲哀,我是不是也成了一个失去故园、漂泊的人?

村庄的后半夜,窑洞凉下来,只有鼾声;村子的土墙,土墙上搁置的农具都睡了,村子周围的树也一动不动,也许只有离村子不远的水井,还在汩汩地泛出清泉,发出清澈的响声,但村子听不见,村子里的狗都睡了。一只公鸡却醒了,它引颈发出长长的啼鸣,随之,此起彼伏,整个村子都是公鸡的啼唱。这遍啼唱对鼾声不发生干扰,最多引来几个翻身和几句梦呓。之后,又出现了长时间的安静。第二遍,一只公鸡又叫了,村子里的公鸡又都此起彼伏地叫了。这时,北斗星正在村子的上空,银勺子一样亮晶晶闪耀,树木已稀疏地露出了剪影。但还没有叫醒村庄,牛打了一声鼻息,又睡去了,狗把一只耳朵贴在地面,继续它的梦。撕开的缝儿又合上了,还是囫囵的黑夜。第三遍,公鸡们又叫了,这一次,启明星已出现在东边的天空,庙宇上空有一层光辉,树木出现轻微的抖动,有的公鸡从架上飞下来走在院子里拍打着翅膀伸长脖子啼叫,再不容缓的意思。而第一个尿盆倒出了围墙,听见一瓢水落地和盆子放在墙根的声音。黑暗破壳了,生出剥去鸡蛋皮儿一样清新的早晨。那只公鸡,它为什么在半夜里啼叫?天还黑得厉害呢!那群公鸡,它们为什么都赶快响应?它们啼叫的时候到底是醒着是睡着?它们像为一个村庄唱诗,又像在招魂。它们要从黑夜里叫回什么?如果没有这群公鸡,村庄将静寂得多么可怕啊,村庄将黑暗得多么可怖啊!因了公鸡们的啼叫,村庄升起了烟火气息,村庄有了吉祥,村庄也有了魂魄。后来,当我住在城里,半夜里,我只听过警笛尖锐的鸣叫,我的魂魄丢失在乡下,会不会被一只公鸡唤回到我出生的村庄?

有一天晚上,我和哥哥牵着牛,准备把它们拴进一间废弃的窑洞,因为风起云涌,山雨欲来,牛待在窑洞里会比待在漏水的棚下更舒适安全。就在我们走到坡底的时候,我俩同时听到了不远处一个妇人啼哭的声音,哥哥一下就听出了,是大婶。只哭了三声,再也没有了。哥哥拽起我的手就往家里飞奔,而没有拴住的两头牛也跟着我们跑了回来。我俩都处在极度的惊恐之中,并充满了不祥的预感,任凭父母怎么安慰都不能平静。果

然,过了不多日,我的大伯在挖窑时被塌下的土掩埋致死。对这件事,我百思不得其解,后来当我和科学一起讥笑迷信时,我的心情仍无法释然。我宁愿相信,永远有科学解释不清的事情,比如灵魂。而心存敬畏,未必是无知和胆怯,因为人在大自然之中,实在是孩子。

还有很多声音被我听见:夜晚,在村子小路上走的时候,一只猫头鹰在不远的地方阴阴地叫,像个阴阳怪气的老人;月光下,村庄外的半坡上,一只狐狸的叫声像妇人的啼哭;门前坐着的时候,一只老鸹冷不丁丢下一声飞远,像黑色的预言;黄昏,一只狐狸偷袭进村时,像谁拉了警报,满村的鸡叫;早晨,一只喜鹊在枣树上喳喳地欢叫,这是村子里最受欢迎的声音。我还看见,一头驴子在田野里,突然引颈长吼,像吐出胸间长久积聚的郁闷;一群羊,在山坡,咩咩地你呼我应,青草们仿佛因此翠翠地向外生长;一头牛,火焰一样行走在山里,发出一声长哞,庄严且深沉;从后山上来的风声,从云堆里爆出的雷声,从半天里斜过来的雨声;春天来临时,河流冰裂的声音,很远的地方塌方的声音;从头顶上擦过的像外星人一样的飞机的声音,一颗星星滑过天空陨落的声音。这些声音,都带着某种不为我知或不为人知的信息,可它们却无一例外地被我听见。这说明,它们曾试图让我明白什么,或者通过我已经完成了它们的表达。而我因此在我并不知道中改变了吗?

多年以后,当我生活到城里,我的一只耳朵因为中耳炎失聪,对城市的声音,我也更像是聋子。我偶尔能听到我内心的声音,并和多年前的鸟叫、风声或者狗吠联系起来,因此写一些分行的文字。我还被留下一只耳朵,是不是为了听那个已经遥远的乡村的叫声?

怀念大伯

羊有一双天使的眼,它看着我时,目光那样纯净。二伯把它从羊圈的羊群里轻易就逮住,他蹲下,抓起它的一条腿,夹在自己的腿弯间,一只手把搪瓷杯子伸在它的腹下,另一只手顺势就挤起它饱胀的奶。两天前,它生了一个羊羔,但是羊羔没站起,死了。在挤奶时,它一点反抗也没有,非常安静地配合。而我看见了它的眼睛:不,不是逆来顺受的,也不是悲哀温柔的,而是澄澈见底、纯净安详的。在喝那杯温热的奶时,我想,它食草,饮泉,前生也许是口衔圣草的仙者。后来,它在山里失足跌落,瘸了一条腿,被隔离在一根电杆旁。我看见它依然安静地吃搬来的树叶、割来的草,我走近它时,它抬起头看我,还是那双眼睛,丝毫看不出忧伤。再后来,它被抬在案上,我那时已满心难过,但只听见它孩子般地叫了一声,再没有声音。它的眼里,一滴泪水都没有,还是那样安详,它是知道自己的生命和命运的,它走得那么安静。

猪电锯般地大叫,撕心裂肺地,扯开嗓子拼尽气力地,充满抗议和坚决不屈地。这是年关,一头猪走到了尽头,它被我的父辈兄长们用绳索费力地拉倒,艰难地抬上案子。整个村庄都是

它尖锐的叫声，村庄十里外都是它的叫声。前一天，它还在圈里，自在地掘自己翻了又翻的污泥，我走在它跟前时，它只抬头看了我一眼，就又兀自翻掘。它睡在圈里，从来不望天，它的眼睛大而空洞，它的眼睛里没有云彩，这让许多人认为它的目标在现世。但我觉得，人误会了猪。它有与众不同的梦，它沉浸在自己的梦里，它的梦一定五彩斑斓，不然它不会那么喜于安睡。它吃食时眼睛都会闭起，并发出愉快的进食节奏，那个梦肯定是悠长的，甚至不可打断的。看猪的眼睛会觉得人类没法跟猪沟通，可这怎么不可以理解成猪不屑与人沟通呢？为了梦，它所求太少，对外在的环境要求简陋到无法再简陋。它安睡的姿态更像上帝的作品，人类学不来。那么，它的大叫其实并不是怕死，而是对梦被打断的强烈抗议和对梦的顽强捍卫。那到底是怎样的一个梦？

牛从悬崖边跌了下去，因为拥挤和灌木遮蔽道路后踩空。我听到了一声巨大的轰响，与此同时，我觉得那一瞬时光凝固、万籁俱寂，只有那声"轰隆"的巨响。待我走到它跟前时，它还没有死，艰难地喘着粗气，像一个落难的英雄。父亲急匆匆赶来了，蹲在它的身边，用手抚摸它的头部，就在那一瞬，我看见它的眼泪滚落出来，眼里说不清是留恋、哀伤还是与知心人永别的揪心痛苦。我永远记住了那个眼神和像豆子一样滚出的泪水。与父亲相依为伴十几年的黄牛，是父亲懂它，还是它更懂父亲？但我确信有一种交织的暖流，是友谊、爱、尊重、平等和相互的感恩，甚至远远比这些复杂。在临走的那一刻，它也许等待的就是父亲，它的一生几乎就是和父亲一起度过的，父亲就是它最亲的人。它停止了粗重的喘息，躺在那里，再也一动不动。第二天，我看见一群牛在它跌落的地方用腿使劲刨着，掏肝掏肺地嚎叫——不是干裂的，而像来自很深很深的地方。是悲恸、祭奠还是质问？那声音是通向地的、传向天的，甚至穿透宇宙的。我感到电闪雷击般的震惊，感到穿透前胸后背的震撼。许多年了，那声音还历历在耳。但我还是觉得不懂牛的心灵，它的如大山般的坚毅、静默，如大河般的坚韧、深沉，如大风般的昂扬、雄武。它在卧倒时那一声粗重的叹息，它在高原行走时那悠长的沉思，它踩进黄土地时那圣灵般的背影。它的那一行滚热的泪又像硫酸一样蚀进我的身体、血液里。在牛开天掘地的叫声里，有一种更辽远的声音。

那年秋天的一个下午，我看见父亲撇下手中的农具，惊慌失措地跑出院子，这是我从未见过持重的父亲跑步的姿态。我赶快尾随追赶，看到出事的地方已围了一圈人，喊叫声乱作一团。原来大伯在挖土窑洞时塌了，大伯就埋在土里。大家七手八脚、手忙脚乱地总算把他从土堆里刨出。他满脸、满身裹着黄土，一句话也说不出。就在这时，我的姐姐——他的女儿刚从井路上赶着毛驴驮水往回走，还唱着歌，对于刚发生的事还一无所知。大家把大伯抬在炕上，靠在一摞被子前面，人们轮流呼唤着，但他始终不能被叫醒过来，头直往下磕。最后猛地抽搐了几下，再也不见动静。我在一片哭声中惝惝地离开，仿佛有一个可怕的影子跟在我的背后。

　　大伯走了,我已确信了这一点。就在昨天,他还斜靠在我家的土炕上,和父亲一起抽烟、说话,还用他宽厚的手摸我的头,他的话我还能听见,他的笑容我也能看见,而明天和以后将再也看不到、听不见。我感到了极度的恐惧和不安。我原来看到的动物的死亡从来没有像这一次逼近我的心灵,我第一次感到了危险、惶惑和生命的无常。

　　我是在黄昏时跑回家的,一路上,我都觉得背后跟个要抓住我的影子,而那个影子是确定的——大伯。我一次都没敢回头,头发直往上竖,生怕他的手落下来,生怕他叫我,并从后面拽住我。

　　晚上,我坚定地要父亲和我一起睡,并把头藏在被窝里,煤油灯也不许吹灭。但还是紧张得厉害,我觉得我是藏不住的,他一下子就会找到我并把我带走。我使劲地摇父亲,生怕他睡着。就这样整整一个晚上,我一眼没合,满脑子都想着大伯临走时的抽搐,那张灰蒙蒙的脸。他的话语和笑声都不再温和,面目也不再和蔼友善,而是狰狞可怕,随时要抓一个小孩跟着他去。而那个小孩必定是我,因为他就跟在我后面。

　　很长很长时间,我都无法克服我的恐惧,并半夜半夜失眠。夜间,我不敢迈出院子一步,白天也不敢走村子以外的任何的路,大伯家,更是看都不敢多看一眼。并且不论白天晚上,总觉得身后跟着一个影子,而我没有一点勇气去回头看。有一次,在驮水的路上,远远地瞄见了大伯的坟和冷簌簌的花圈。也就在那天,我终于病倒,发烧,虚弱,一遍遍地说胡话……

我为什么如此惧怕死亡？在以后，我多次想过那段惊恐无助的经历。我到底惧怕什么？是大伯的死让我看到了生命巨大的虚无？不对，那会儿还是懵懂的孩子。是恐惧死亡本身的残忍？好像也不是，大伯走时面相并不狰狞。有一点很清楚，我是怕死。那么，这种恐惧应是来源于生命本能，是不能接受生命还没有展开的短暂和死后的空无所寄。那阵子，我感到父亲并不能强大到可以庇护我，可以让我躲过死亡的追击。我感到自己像个软弱无助的孤儿，而死亡无所不在又无比强大。事实上，当我多年以后，再次想起死亡，我同样会感到无比恐惧和万念俱灰。那么，其实并不是生命强大了使我不惧死亡，而是对死亡已经麻木。的确，还有什么比死亡更荒谬更让人恐惧的事情？人类的智慧从来没能解决这个巨大的不安，绝大多数人也只是自欺欺人地遗忘、搁置。倒是孩子，更清醒，更敏感，从而更像生命。

大伯用镢头挖窑洞，也挖倒了自己。他临死时对自己的命运一概不知，他生前也并不知道自己的生命将飘向何处。绝大多数人其实都和大伯一样。但是，不论羊、猪、牛，还是其他动物，他们仿佛比人更懂得死亡，比人更懂得命运。

我怎么能像羊一样安详，像猪一样做梦，像牛一样大爱深情？

陌生人

他拄着一根探路的拐杖，一个人独自走在山路上。他要去

哪里？那是春日的下午，阳光亮堂，一树一树的花朵就在离他不远处的地方开放，更远一些的地方，还有一座庙宇，庙宇上空的天瓦蓝瓦蓝，庙宇前一块红布在随风飘扬。他知道这些吗？在放学的路上，我本该是要去摘山杏的，它刚生出来，有酸涩的苦，但又有新鲜果子的爽口。那么，他为什么又让我看见？他以很慢的速度向前移动着，拐杖的速度却飞快。他的头顶，刚飞过一只老鸹，但没有叫。我什么时候已在他经过的路口站了下来，我也是一个孤独的孩子，怀着说不清的惆怅，我是在等他吗？在他经过的时候，他略略停顿了一下，我看见他长长的眉毛在飞快地舞动，一刻不停地。他眼睛的视觉是否就分散在这些飞舞的眉毛里？好像任何风吹草动都会通过眉毛传导进他的感知里。他不是一个凡人，我当时就这么想，事实上他的头抬得很高，始终面向天空，他的气宇一点不像我平时见到的人，尽管他衣服褴褛。那么，是不是因为这些眉毛让他看见了另一些事物？他的瞎会不会和他的眉毛有关？我确信，他知道天机，那些眉毛就是导线，而知道天机的人是要瞎的。这么想时，我感到安慰，又有几分敬畏。但他要去哪里？谁在召唤着他？我站在路上，看见他幽灵一样慢慢地走远，转过一个弯，不见。

挑担的货郎走进我家的院子，他的手里摇着拨浪鼓，很快就吸引了全村的孩子。玻璃盖的两个箱子里，尽是些稀奇的小玩意：彩色糖豆豆、各式各样的蝴蝶夹、精巧的风车、造型别致的转笔刀、会唱歌的小玩具、会翻跟头的小人、戴帽子的铅笔，七星瓢虫在抖动的小木盒、嘟嘟吹响的塑料喇叭……我简直不敢相信，他怎么会有那么多新鲜玩意儿。他从哪里来？那个地方肯定是童话王国一样美丽的地方。但是，村子里的孩子叽叽喳喳一番后，没有一个孩子能买得起其中任何一样东西。而父母也都说，看了就行了。那个货郎好像并没有失望，他只请求住下来。我爸爸爽快地答应了，许多孩子都希望住在他家，这让我感到无比自豪。我妈妈还特意给他做了面条，我们家招待领导的那种白面条。也许是作为回报，他在第二天临行前，给我喂了一个糖豆，许多孩子都眼巴巴看见他把糖豆确凿无疑地放进我的嘴里。我妈妈站在门口笑盈盈地，像告别一个亲人。货郎还没走远，小伙伴都围过来，不停地问：甜吗？甜吗？那个味道，只有我知道。

村子里来了一个照相的人，村里几乎所有的人都把他围定，这件事有人听说过，但还没人见过。他的机子用一块红布盖着，立在我一个爷爷家的院子里。机子对准的背景是北京天安门，那个大家都认识。他拿出一张别人的照片给大家看，天呀！那真是不敢想象的事情：毛主席像就在头顶，而自己分明就坐在天安门前。还是我爷爷聪明，他跟那个照相的商量，给全村人都照，但价格一定要最低，折合成粮食算，由村上的毛驴运送到乡上。照相的人愉快地就答应了，而经我爷爷一倡议，全村人都响应了，大概一张像就是一升豆子，家家都能拿得出。照相的说今天光线不好，就先给我爷爷照一张，其他人明天早晨一大早照。我爷爷高兴得眼睛都笑没了，他搬来一个方凳，坐在"天安门"前，手都不知往哪里搁，摆弄了半天才放好，但脸最终还是僵的。就在照相的掀起红布的一瞬间，我惊然发现框子里我爷爷头朝

下，是倒着的！这一发现使我无比惊悚，原来他是巫者！他拉起绳子，捏了一下手里的软皮球，我觉得那一瞬我爷爷的魂魄就被吸走了。第二天一大早，村子里的人像过节似的早早来到我爷爷家，而我爷爷的照片已经洗好，正被争相传看。一点没错，我爷爷"到"了天安门，毛老人家就在他的头顶！但我又为我的发现找到一个确凿证据：我爷爷照片的底片，在脸的部位，是一团血色。吸血鬼！我暗暗想。但村子里的人都争着往板凳上挤，他们的脸上显出幸福的光彩。只有我一个人没照，我找借口说，我长大要到真正的天安门呢！

我遇到一个陌生人，他背着个帆布包，手里拿着个硬纸板。我看见他时，他正在我们村子堎畔的一棵大树下埋头写着什么，见我过来，赶快把纸板反了个面，把一支很别致的铅笔放在纸板背面。他面色清癯，戴个眼镜，穿着一件洗得亮白的的确良衬衫，衬衫兜里，别着一支亮晶晶的钢笔。他问我村子的名字、路的名字，说话像收音机的声音，我都一一告诉了他。我盯着他想，他一定很有学问，要是我的老师就好了。我问他是北京来的吗，他笑了笑摇摇头。他笑的时候非常好看，牙齿洁白，声音清脆。但我确信他从很远的地方来，一定有什么重要的事情。那个纸板上写了什么？为什么不给我看？但我不敢再盘问，又想着我长大能像他这个样子就好了。他请我做一件事，帮他的杯子里倒一杯水，我接过杯子，就往家里跑。一路上看那个杯子，玻璃的，亮亮的，干净得一尘不染。回到家，爸爸看见杯子，问我哪来这么好看的杯子？我告诉他刚才遇见的人，他立即说，肯定是个特务。我不明白特务是干什么的,爸爸说就是大坏蛋。还说他肯定是来窃取什么情报,而且有个发报机就安在鞋后跟里。我一点也不以为然,又有点惊奇。我们村会有什么重要情报?不可能!他肯定是好人。这么对爸爸说着,心里已有些忐忑。但无论如何,我得赶快去送杯子,倒了一杯开水后,我惴惴地返回他坐的地方。他又在埋首写着,见我回来,笑眯眯地感谢我,但还是把纸板翻了过去。接过水杯后,他站起身要走。我赶快看了看他的鞋子,没看出什么特别和破绽,是我做梦都想要的那种"黄军鞋"。我鼓足勇气问他:你是干什么的?他很快回答我:绘地图的。然后招招手,走了。他走后,我低下头看他脚印的花纹,一道一道,很漂亮。

　　二牛家来了个画匠,要为他们家的新柜子作画,这在我们村还是头一家。听我爸说二牛的爸爸在山里挖出一个陶罐,里面全是金银财宝。我问二牛罐子里真的有财宝吗?二牛说他什么都没看见,还被他爸打了一巴掌。但二牛家有钱做新柜子,甚至还要给柜子上画画,这说明我爸的话是对的。木匠做柜子的时候,我就去过他家,柜子大呢,光刨花就堆了一地,我和二牛偷着抱了一堆放在磨道上边烧,火欢势得很。在木匠吃饭的时候,我俩还操起推刨试了一下,一推一个卷儿,木头发出清脆的声音,感觉特舒服。我们把墨斗的线长长地拉出来,在木板上绷直,用手指将线一拉一弹,一条直直的线就留下了。在木匠挺着肚子出来的时候,我们早已经逃远。这次画匠来,我又想去看。但柜子在家里,二牛说他妈不让外人进去看。我就一遍遍地探在他

家门口,寻求机会。我没看到他们作画,但是见到了画匠:两个人,一个留着长发,一个光头,都衣冠不整。见了人我就没兴趣看画了,我断定二牛家请了两个二流子,不再想起这事。直到有一天,二牛来叫我,说他妈不在,柜子上的画已经画完了,漂亮得不得了。我将信将疑赶快跟着他去。一进门,柜子就在门口摆着,果然了得:一排柜子牡丹绽放,百鸟朝凤,猛虎上山,都光彩夺目、色彩绚丽、栩栩如生。我最喜欢的一幅画了一棵树,一匹马远远地站着。但这幅画在最里面,光线不好。听见我说喜欢这幅画,那个"长头发"赶快过来看我,他凑在我耳边说,只有这一幅是画。我没有明白他的意思,但对他的长头发少了反感,我再看那个光头时,也不觉得难看。

我们村还来过好多人:有一个石匠,声若洪钟,嘴里一边唱一边抡铁锤,他为村上锻石磨,铸石碾,还为虎子家箍石窑。听说,他要是不高兴,就在碾子或磨上偷偷地錾一个小缺口,这个村子就会出不吉利的大事;主家要是伺候不好他,他就会在箍窑时在窑背上放进个纸人,这家就会出人命的事。我因此讨厌那个壮硕的家伙,刚好他也不喜欢孩子,他嫌我们闹,一凑过去就像轰麻雀一样抡起家伙假装打人一样把我们轰走。所以,我只看到他就那样独自一人唱着胡乱的调子干活。好在村子没出大事,虎子家也平安。还有一个风水先生,尖嘴猴腮,包里装着个罗盘,被村里请来看坟地。凡是和死有关的手艺人我一律躲避,但他的那个罗盘着实让我新奇,上面密密麻麻的字像巫术,他怎么就都懂呢?听说,他看过的坟地,一般后代都会出一个县官,但不知他家出了几个？还来过一个算命先生，你只告诉他生辰八字，他就知道你家的大门开的方向、祖坟地的树是什么样子等等。我见他时，他正眯着眼，用手指飞快地掐算，然后一停顿，就告诉你问题的答案。听人说他看过麻衣相、透天记，知道人的前生后世，甚至知道世界的兴衰灾福，但他不知来我们小村干什么？最可怖的是巫神，坐在炕上好端端一个人突然一个跟头翻下地，唱起曲子来。彼时必是晚上，香火点起，黄裱燃了一遍又一遍，气氛已让我紧张。只见他暴跳起来，拎起锵锵作响的"三山刀"冲进院子，用事先准备好的盛灶灰的碗四处乱打，而分明，他在打鬼。这让我毛骨悚然，原来鬼就在村子里！最让我震惊的是他让助手用麻纸塞满嘴，又用鸡血和成的泥封上鼻子、嘴巴，然后绑在一扇门板上，埋进一个事先挖好的穴里。穴里只有一盆凉水、两只活鸡陪伴，待到时辰，他就在地下蹬脚边事先连接好的木杆子，在外面守候的人听见杆子上的铃铛作响，就赶快将人挖出来。我一直奇怪他在地下怎么呼吸着，十几个小时呢！待松绑，掏出嘴里的纸，他痛饮一杯凉水就清醒过来，随后在病人身体上方一番舞蹈和念叨，"招魂"就完成了。以后的许多天，我都处在恐惧中，但他的唱调被许多人学会并传唱，我也低声试了试。再后来，听说我们村我的一个叔叔，有一天也是突然一个跟头从一个土坡上翻下来，倒地就唱。我不知道他治好了几个人的病，但是他在四十岁时就死了，心脏病。

当然，最亲切、记忆最深的还是我的七叔。他是我的小学语文老师，是我们村唯一梳偏分头的人、唯一镶牙的人。其实也只

有他配，其他人留偏分头想必就不伦不类。我们村离学校二里地，有一半多路可以骑自行车，但先要推着车爬半道陡坡。其实走路也许更轻松，但他是老师，骑自行车就洋气，就有优越感，这是我想的。上坡时，自然有人愿意帮他从后面推，我就是最积极的一个。这样，等到下坡时，我就会被允许坐到后座，在山路上风驰电掣，飞一般的感觉。他的板书写得真好，龙飞凤舞，连写字的姿势也好看。他给我们念课文时，那颗镶了的牙就露出来。他掷粉笔头，精准如导弹，百发百中，谁要走神或打瞌睡，一准会被他的炮弹击中。他还会弹三弦、吹笛子。放学后，他回到家，往园子里一坐，满村子就都是他的乐声。而村子里的鸡也不叫了，牲畜都安静下来，仿佛都沉浸在他的音乐中。最风光的还要属过年，全村的对联都由他一人包了，大家拿上烟，带过滤嘴的，到他家排队等候。那时，他坐在一张桌子前，充满自豪感。他的笔一顿一挫，如龙游走，喝彩不断。而每写完一幅字，他也会用一只手扶住拿笔的胳膊，静静欣赏一下，偏分头看上去更有风度。当满村的窗棂上都添上他写的对联后，他面前的过滤嘴香烟也可以收一盘子。而这时他走在村子的路上，头也会抬得很高……那时，我所有的梦想就是将来要做一个像他那样的人。但我小学还没毕业，农村实行包干到户，学生大多都回家放牛种地去了，学校只好解散，民办教师的他便只好回家务农。而我幸运地被父亲转入乡上上学，离开了我的村庄和学校。多年以后，当我在外上学回家过年时，才知道他在山西的私人煤矿里挖煤，因瓦斯爆炸身亡，留下了七婶和几个不谙世事的孩子。我找到了他的坟头,孤零零一座,坟前是一片空地,近处有一棵树,身子黑黑,枝丫空疏,一只乌鸦落在上面,等候我的祭品。我点燃了一支过滤嘴香烟,仿佛又看到了他的那颗镶了的牙。回到村上到他家,他住过的屋子好像比以前更低更暗了,那把三弦还挂在墙上。那年村上的对联,都由我写,他们说,我的字,很像七叔写的……

张怀帆,作家,现居西安。主要著作有诗集《一个人的小镇》,散文集《提着萤灯行走》等。

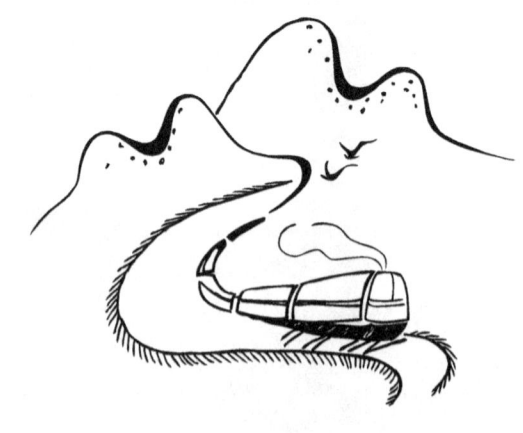

火车火车

兰州畸人

农民工

我是我的陷阱

歧路上的孩子

火车火车

杜爱民

> 游牧民族是那些不欲迁移者。而他们所以游牧，正因
> 为他们拒绝离开。

——汤因比

西北民族大学位于兰州皋兰山下，沿山而建，离市区不远，1983年至1986年间，我曾在那里工作。在学校的好处是时间充裕，除了讲课，没有多余的负担，每到夏天的黄昏，全国其他地方来的青年教师就会结伴去登学校背后的皋兰山。

到兰州工作，是我人生第一次离开家人独立生活，那一年我刚二十二岁，时常会有想家的念头，坐在皋兰山顶，看见火车冒

着白烟,从东边的西兰线开过来,我便会陷入思乡的情绪中。

兰州火车站是西北高原上铁路网线的中枢。从此向西通向乌鲁木齐,往西南可去青海,朝北是到银川,正东通往西安宝鸡方向。主干线应该是东西走向的西兰线。包兰线与新兰线在兰州与西兰线形成连接交会。

从西安坐火车去兰州有两趟车:144 次是西安开往乌鲁木齐的普快,经过兰州,时间需要十八个小时;南京到兰州的 168 次是直快,大约十六个小时。沿途经过的大站依次是:咸阳、宝鸡、天水、武山、陇西、定西,最后一站是夏关营。到了夏关营就离兰州不远了。后来知道夏关营属兰州地面,所以在此设站,是为了在当地驻扎的部队上下需要。

到兰州之后,我才知道一个人在外独立谋生是多么的孤独难受。除了与同事在爬山时看见火车外,我有时候也会跑到火车站,站在铁栅栏外看一看火车,等着西边方向来一列火车在站台上停稳,又朝东边开出之后,我才愿意离开。

这样反复多次去看火车,也没有更多的理由,只是在我心头,会舒坦一些,对家的思念能够变得和缓。

我有几次按捺不住回家的念头,买了车票,在车厢里摇晃一夜,到第二天中午赶回家,晚上再坐 144 次车回兰州。在家里能待的时间不过五小时。母亲见我回来又惊喜又快慰,之后就怨我做事性急,欠考虑,不断催我早回兰州,以免破坏了学校的规矩。

坐火车与看火车的感受是不相同的。在车厢里我无法确切地辨认车的速度和方向，只是一味地随着车身左右摇晃。遇上春节前后，人更是拥挤，空气窒息，我希望火车快跑，能早早赶回家。

从高处看火车在西北黄土高原上行使，会觉得它的速度比想象的要缓慢，穿越隧道，绕过沟梁，明显地是在一直坚持着自己的方向。火车在兰州东站经过后，还要进行一次次的并轨，来决定最终停靠在兰州大站的几站台哪股道。并轨过程中的车速更加缓慢。

兰州城处在两山之间的狭长地带，火车从兰州经过必须穿越整个城市，无论是从哪个方向进入兰州，都要沿着城市的南部边沿，进夏关营出西固，或者进西固出夏关营。中国没有哪一个城市与火车的联系会如此紧密，让火车参与了城市的流动，成为城市景观中抹不去的印痕。

上世纪八十年代，对于我个人来说属于火车的年代。火车向西而行，把我从家乡带入一个陌生的城市，只有它还连带着我的以前。火车就像是一个大人一样，将我放在了兰州，然后每天又从我的门前来来回回经过。它经过的时候，我会跑出来看，同它打招呼，让它知道我的心事。

我在兰州生活了足足有三年，熟悉的地方不多，除了双城门和中央广场附近的书店，最远的去处是经过东方红广场，到甘肃省电视台的后院。到的最多的地方是铁路新村。我想知道同火车有关的一切消息。

有一次，在皋兰山上，天气格外的晴朗，从家乡方向的天边

浮起一团白色的云朵,在慢慢向我靠近,它在高原的天空上显得那么的从容舒缓,等到我能够看得清楚时,知道是一列向我开来的火车。在兰州,有好多回,我所见到的火车,都像是从云的泉水之中浮现出来的。或者它们来自于我的灵魂。

从皋兰山上向东望去,笔直的钢轨伸向了无尽的远方。我想到过最终偃卧在钢轨之上的海子,他写过的亚洲的天空。我觉得海子的诗歌和生命,也像钢轨一样那么笔直。此刻,它们都在诗歌和常识之外,在钢轨能够穿越的尽头之外。

在兰州我如饥似渴想要得到与火车有关的消息,让火车的声音交替出现在我的生活中,一有闲暇便坐下来看它从我的身旁经过,想着远方的家,还有母亲、姐姐的挂念。我的信件大约也是火车带来的。收到家里的来信,我的心会平静好一阵子。

我没有写过与火车有关的文字。在兰州时写过一首诗——《看火车的孩子》。那个孩子就是我。火车与火车无关,而是指当时的生活,有节律而又单调,尽管处在移动当中,却并不匆忙,是生活本身的自然呈现。

在学校的宿舍,到了夜晚,能听见火车过往的声音。通常午夜有一趟西去的列车,汽笛的轰鸣声,在静夜里震感强烈,我一般要等到这列火车过去才打算睡觉。有时候它会晚一些,但仍然声音剧烈。据我的估计:从晚上十点到第二天黎明五点之间,会有三十七趟火车经过,多集中在上半夜,下半夜最多时有过十二趟,一般情况下只有七趟。

我起初对于火车经过的回数计算不清,更不知道该如何辨识它们来去的方向,后来我就在房间里独自倾听,记下它们来去的时间和对它们去向的判断。这样经过一段时间,我已不需在纸上记写了,只要躺在床上,便能知晓。一年之后,我不用挂记火车的事了,它们不再是从我的身旁经过,而是经过了我的身体去往了别处,即使在梦里,我也对火车经过的事情了如指掌。

这中间也有特殊的情形:午夜过后,黄土高原变得出奇地安静,没有谁愿意来打扰它,也不愿走进星空下的睡眠。火车早早地绕开了那片沉睡中的地方。但我的身体依然被火车剧烈的轰响所充盈。接着是第二趟车的经过。第三趟。又一趟和另一趟。等我弄清了其中的缘由,已从梦中被惊醒。

火车有时候还把我的身体变成了一处纯粹的空白,我只是一次又一次等待着它的穿越。

杜爱民,诗人,现居西安。主要著作有散文集《马语》等。

兰州畸人

韩松落

畸零人

有人知道他的名字,但我忘记了,他大概六十多岁。

可能是第十次登上报纸,或者更多。

无论春夏秋冬,他都把自己打扮得像个女皇。雪白的带有暗花的缎子上衣,同样颜色的裤子,脖子上有长长的白纱围巾,这样,他骑着自行车在街道上的时候,围巾可以被风吹起来,头上戴着一顶白色的羊羔皮帽子,帽子很高,样式类似旧社会东三省的军阀的帽子。有的时候,他也穿别的颜色,宝蓝色的缎子衣服,鲜绿色的缎子衣服,一律是绫罗绸缎,上面有大朵的暗花,穿这样颜色的衣服时,他会配上同样颜色的贝雷帽,非常俏皮。

　　他穿着绫罗绸缎的衣服,骑着一辆被精心装饰过的自行车,高傲地昂着头,从闹市穿过,三十年了,或者更久,人们还是不习惯他,当他从路上骑车走过的时候,公共汽车上的人,都会涌到一边的窗户前去,车没因此翻个个儿真是奇迹。

　　无儿无女。大概也没什么亲戚愿意和他来往。

　　曾经有过职业,在歌舞团跳舞,在很早以前。因为他的穿着,还有他喜欢的人,他被开除了。他一点儿也不气馁,就在歌舞团的小平房里住下,在歌舞团的隔壁,开着小铺子卖馒头。到了晚上,他就走到街上去,在最热闹的地方,张掖路、静宁路、广场,放下一只小小的录音机,播出音乐来,开始跳舞。他曾经是歌舞团的演员呢,他很为此骄傲,即便是在街头,也严格要求自己,跳蒙古舞,就穿上蒙古族女人的衣服,垫上假胸;跳藏族舞,就穿上藏族女人的衣服,垫上假胸,戴上头饰,即便是大热天也一样。他一点儿也不马虎,如果音乐是《骏马奔驰保边疆》,他就认真地做骑马的动作,在围观的人中间跑上一圈又一圈,等到音乐终了,他胸脯起伏着,拿起一顶帽子,开始跟还没有来得及跑掉的围观者收钱,还会礼貌而矜持地说"谢谢"。市容、警察,开始还驱赶他,后来,他们也成了笑着围观的人中的一分子。

　　他始终沉浸在自己的世界里,永远目不斜视,永远不产生令人误会的笑容,即便那些给他钱的人,他也从不多看一眼,照样下垂着眼睫毛,只微微点个头。

　　他也及时更新他的曲目,《大姑娘美大姑娘浪》流行起来,他

及时地添置了花布衣裳和假辫子，排练了新的舞蹈，那舞蹈，在他看来，可能比较猥亵，但却讨好，他也懂得跟上时代，揣摩观众心理。

活着真不容易，尤其对他这样误入歧途的人。执拗在不同的人身上，可能有不同的结果，在他这里，除了让他变成一个畸零人，再也没有别的后果。他主动退后一步，站到人群的对面去，主动把自己归类到这个城市里标志性的人物当中：大教梁指挥交通的疯子、皋兰路跳大秧歌的傻孩子、铁路局扎着几十条辫子的疯女人。他丝毫没有意识到他的执拗有什么不对，他内心的观念极其强大，强大到，六十多年，从没理会过这些妨碍他目不斜视前进的事物，只下垂着眼睫毛，微微点个头。

还要活着，有这样强大的观念支撑着，搞不好，还会活上很久。注视他，是一件毛骨悚然而且难堪的事情，毛骨悚然到经常不得不低下头装作并不在意，写他，即便是以最善意的笔调，也是一件可耻的事情。

小　村

小村子隐藏在大片的枣树和桃树林子里，大约有几百户人家，村子背后是石头山，一些人住在山上。

有一天，有人带回来一个消息，在城市里，一副作为标本的人体骨骼，可以卖上六百块。城市并不远，从枣树林子和桃树林子里走出去，坐上46路车，大概只需要几站路。可以找到人体骨骼的地方也不远,从小村子里走出去,上山,北面的山坡上,全是坟墓,黑压压的墓碑,从山上一直铺展到山下,像一片黑颜色的树林。

有好些人家立刻有了主意,很快形成分工,青壮年上山,去挖坟墓,女人留在家里,拾掇尸体。

开始还遮遮掩掩,要等到晚上,月亮从石头山背后沉下去,野鸟开始鸣叫以后,他们才到山上去。很快,他们发现,很少有陌生人穿过枣树和桃树林子到村子里来,这行动就蔓延到了白天,白天,他们也扛着铁锹、洋镐上山。还是略微有点忌讳,这忌讳表现在,他们在山路上遇到的时候,不像在村子里遇到那样,畅快淋漓地打招呼,而是阴沉着脸,轻轻点一下头。

警察包围最猖狂的那几家人的时候,小院子里,到处是挖来的尸体,报纸上这样描述:"眼前的情景让大家都大吃一惊,水缸里浸泡着尸体,一口大铁锅里,煮的也是尸体。"还有,院子里,留守的女人茫然地站起来,丢下正在拾掇的尸体,像干活计的时候被人打扰那样,习惯性地在围裙上蹭一蹭双手。

要浸泡、要煮、要刮,在黄昏的院子里,独自一人,她一点都不怕。

现在看来,恐惧是一种尊贵的情感,让人有避讳、有忌惮、有敬畏,不敢任意妄为。但显然,从这里,我们得到一个讯息,恐惧是本能的天生的情感,但恐惧的形态却是环境的结果,是经学习得来的,什么事情可以引起恐惧,恐惧到什么地步,是约定俗成的,是由大家一起来规定的。在食人部落,劈开一个头颅,显然

不是足以引起恐惧的行为。

即便是已经被规定好了、被培育成形的恐惧，只要有另一个足够强大的力量出现，就足以让禁忌和恐惧消失。让某种禁忌某种恐惧消失需要付出什么代价？现在我知道了，六百元。

六百元，男人想着这六百元，扛着铁锹、洋镐，走在上山的路上，即便是夜晚，心里也暖洋洋的，也不害怕。女人想着这六百元，独自坐在空旷的院子里，系着围裙，一会去看看水沸了没有，一会儿添点儿煤，小凳子坐久了，腿有点麻，她就揉一揉，手里的活，可一点也不敢停，不然，男人回来，是要骂的。她寻找着下手的地方，看看从哪里刮起来快一点。骨架在她手里摇来摇去，像一个秋天被砍倒的向日葵；头颅在她手里翻来覆去，像一个凿了眼的南瓜。暮色来了，她坐在院子里张望着，别人家烟囱里已经冒烟了，她洗洗手，去揉面，今天是揪面片呢？还是下面条？她想着。

月亮是大家的

头版，头条，标题的字号也非常大，非常黑："俄罗斯科学家要炸毁月亮！"

五位俄罗斯科学家向俄罗斯政府提议，用俄罗斯的"联盟"型火箭装上六千万吨级的核弹头射向月球并摧毁它。他们认为月球是地球的一个庞大的"寄生虫"，正是月球引力使地球倾斜，自转速度变慢，引起海潮起落。如果没有月球，地球不再倾斜，地球上将不再有四季变化，有些地方会拥有永恒的春天，还能减少很多自然灾害。俄罗斯政府表示将对这一建议的可行性进行研究。

下面加了编者按，才情洋溢的按语里，引用了古往今来、与月亮有关的诗歌，最后，编者愤怒地向广大市民提出，对于俄罗斯科学家的行径，我们能答应吗？我们能听任他们炸掉月亮吗？欢迎广大市民参与大讨论。

第二天，还是头版头条，还是关于炸毁月亮，标题的字号非常大："月亮是大家的！"

下面的段落由我凭借记忆模拟出来，大概，错不了。

昨天，我报关于俄罗斯科学家要炸毁月亮的消息见报后，在市民间引起了强烈反响，广大富有正义感的市民纷纷打来电话，对俄罗斯科学家自私的做法进行了谴责。家住排洪沟南路的颜老先生冒着大雨拄着拐杖连夜赶到报社，愤怒声讨俄罗斯科学家的企图，并说"月亮是大家的！"一位姓王的中学教师打电话到报社，在吟咏了许多关于月亮的诗歌之后，认为月亮为我们提供了无比丰富的精神财富，他对俄罗斯科学家不顾他人的做法表示了极大的愤慨！

不只我们这里进行了大讨论，这是来自南方的报纸："本报读

者刘先生：月球不是你俄罗斯人的月球，它属于全世界，全世界人民不答应，每人吐一口口水，就可以将这几个异想天开的人淹死。"

愤怒情绪在蔓延，再继续下去，全中国的市民，都将在等待吐口水的这一天早日到来，准备把天杀的俄罗斯科学家淹死。不过，我终于等来了我想看到的。没几天，这个让人人心惶惶的消息被揭下了画皮，这条新闻是专门刊登奇闻逸事的小报《世界新闻周刊》在4月1日那天刊出来的。

"月亮是大家的"令我深思，关于人的缺乏辨别力、盲从、冲动，还有无处放置的、对"盛大"事件的热情，还有"市民"身上所共有的奇特的、不寻常的气息。排洪沟南路的颜老先生，恐怕一辈子都不会想到，他一辈子都在等待下一次"炸毁月亮"，可以让他在雨夜拄着拐杖到报社去。他如此盛大地准备着他的说辞，他的出发，他所要乘坐的公交线路，犹如年少时候盛大地准备观看一次露天电影、一次春游，心里有惴惴的欢喜。这种盛大还可以扩张，扩张成野蛮的、可怕的热情，为月亮、星星，或者不沾边的什么。没人关心月亮，所有人只是在期待着参与"盛大"。我们对自身对"盛大"的渴望一无所知。

排洪沟南路的颜老先生找到了他的"盛大"，而我比他更危险，因为，我还没有找到，我的"盛大"是个隐患，像迟来的麻疹，还没有发作过，越迟，越危险。

焚心似火

三十万，在我们这城市，可以在市中心的位置买一套一百平方米的房子,或者可以和某个人逃离这个四季灰蒙蒙的城市,去另外一个地方,开始新生活。传说中的新生活什么样?谁都没有把握,但跟眼前这着实熟悉到厌倦,温暖到腐烂的窝比起来,还是值得冒险一试。

这个女人,大约就是这样想。

警察,三十多岁,平凡的脸,短头发,胖,画凶狠的黑眉毛,嫁个索然无味的丈夫,已经受够了眼下的生活,不死心,和年轻一点的后生有一点暧昧,大致如此。没什么可以多说的,大致如此。只是,她不一样,她不甘心,她不死心,年轻男人出现在她生活里,是小小一簇火苗,跳一跳,再跳一跳,成了大火。她如何才能和他生活在一起,而不成为千夫所指的中年荡妇?带一点钱,和他一起逃离这个城市,大概是最稳妥的一条,值得冒险一试。

她的工作给她一点便利,她顺利地领养了个弃婴,女孩子,上了户口,办了手续。为什么抱养女孩子?女孩子太可怜了,老是被弃,她身为女性,同情女孩子。她回答。她立刻为这女孩子保了人身意外险,总额三十万。为什么不给自己的孩子保?对领养的孩子,要更疼爱一点才行。她回答。

但她等不住。只三个月,再也等不住,那天是个阴天,再迟一天也可以,但她等不住,一个主意一旦快要落地,和肚子里的孩子快要落地是一样的,再也不管什么天气、时机。她抱着孩子,和她的母亲、她的姐姐,在春寒料峭的四月,先去坐上山的缆车,可惜风大,缆车停开,她们马不停蹄地抱着孩子,在寒冷阴天的四月,去划船,孩子终于被她母亲失手落到水里,再救上来,还

活着,她送孩子到了第一家医院,只看一看,就嫌那里不好;去第二家医院,输液还没几分钟,她说,这家医院也不好,拔下针头,回到第一家医院。那孩子终于咽了气,她立刻去保险公司索赔,保险公司拒绝了这笔可疑的索赔,她立刻把保险公司告上法庭。

报纸给了这件事情几个整版,一个星期都在讨论,所有的细节都被放大,这个城里所有的办公室,所有的人,早上打完开水,就在等着看,这个女人是不是拿到了三十万。这个女人,和她的妈妈、姐姐,这三个同样画着凶狠黑眉毛的女人,一次次出现在报纸上,她们最可怖的地方在于她们并不像任何一个人肉叉烧包店里的老板娘,她们是那种最常见的、最世俗的本土女人,沉闷、阴郁、狭小,有点自以为是的聪明,这样的女人,下班高峰期的一辆公共汽车上,最起码有二十个。

官司在拖延,没有证据,没有结果,一年以后,她再次上了报纸,又是几个整版。她把她的丈夫杀了。

她说,他是喝醉了酒自杀,但那把刀子插入的角度证明了她是在说谎。她被判了死刑。

小小一簇火苗,燃起来,就收不住,连燃料都不必有,欲望是真正的永动机,她必须要做点什么,不管天气、时机,不管自己那点自以为是的聪明是不是奏效,必须要做,要赶快做,手忙脚乱、披头散发、破绽百出、接二连三也要做,才能与生活的缓慢迟滞对抗,才对得起她自以为是的渴望。

一个沉闷、阴郁,有着凶狠黑眉毛的女人,让这城市在两年里,兴奋了两次。然后呢?生活还是老样子,下班高峰期的公共汽车上,二十个沉闷的女人,扬起二十个手腕子,看看手表,六点,就是六点,再过十分钟,就是六点过十分。车窗外的树上,有小虫子在咬噬树叶子,一点点地咬。

韩松落,作家,现居兰州。曾发表文章若干。

农民工

安　黎

小区门外

我居住的小区,位于西安市的城北,尽管这里有着巨大的发展前景,被众多开发商抢滩登陆,但至少在目前,它还属于人们所说的城乡结合部。小区缩进一条小巷里,这个长达二百多米的窄窄的小巷,把小区和一条名为未央大道的大街连接起来。每天早晨,当我从小巷里走出来,准备乘公交车去上班的时候,却总发现巷口被堵塞得严严实实,几乎达到了水泄不通的程度。外边的车进不来,里面的车开不出去,车与人混杂着,拥挤不堪。心烦气躁的司机使劲按着喇叭,喇叭声和叫喊声交织着,响成一片。那些站在巷口的人,仿佛耳朵聋了似的,对喇叭声和叫骂声置若罔闻,没有丝毫反应。他们该木然地站着还木然地站着,该与雇主讨价还价还在讨价还价,该围在一起争论什么还在争论什么。

我不止一次听到小区的人聚在一起议论,说这些人简直烦死人了,总得想个办法治治他们;于是,有人给城管打电话,有人给电视台打电话。城管来了,那些人都抱头鼠窜;没顾得上跑的,顶多挨几脚或几拳,或者干活的工具被城管人员没收。城管也有自己的牢骚,他们说管理他们,也罚不到什么款,纯粹是白出力;偶尔拧住某一位的耳朵,那位被拧得疼得受不了的家伙同意接受罚款,但掏出的都是毛毛草草的小面额纸币;搜遍他们的全身,也找不到什么像样的钱,更寻不到什么值钱的物。城管提起他们,自然是一肚子的怨气。电视台频繁地来,对着他们摄像;但摄像镜头对准他们的时候,他们根本不在乎,全然一副死猪不怕开水烫的架势。照就照吧,爱照多长时间就照多长时间。电视台连篇累牍的报道,让区政府很没面子;区政府下了很大的决心,要在马路的另一边建一个室内劳务市场;简易的劳务市场很快就搭建成了,但建和没建一个样,劳务市场里空空荡荡,马路上依然人山人海。若问他们为什么不去市场里,他们的回答振振有词:进市场,每天还要交两元钱!两元钱不是小数目,是他们两夜的住宿费,是他们的一顿饭钱;他们有时候一天推光头,还挣不到两元钱呢!再说了,雇主找人干活,一般都是看见谁就叫谁,每个人都希望站在让雇主容易发现的地方;如果其他

人都站门口或门外,你却老老实实地呆在劳务市场里,那不是等死吗?来这里就是干活来了,又不是享受来了!要享受,呆在家里比呆在劳务市场里还要舒服。呆在劳务市场里的人多傻啊,那可不是脑子被电击了?

堵塞小巷的是农民工。他们足足有数百人之多,每天早上,他们都要站立在这儿,等待雇主的挑选。他们有的手拎钢钎,有的肩扛铁锤,有的举一个写有"刷涂料"或"焊工"的纸牌子,更多的人则是两手空空。他们乱哄哄地聚集在那里,一有风吹草动,就如同海浪一般朝某一个方向汹涌而去。一个雇主的到来,会搅动所有在场的人,他们纷纷拥了过去,希望那个雇主能把自己挑选上。经常见到的场景是,雇主挤在数不清的人中间,大汗淋漓,宛若被绑架一般。你喊我嚷,你拽我扯,目的只有一个,就是在有限的去干活的人之间,不希望自己被落下。不知有多少次,我站在一旁观看,看到的场景是,雇主挑选了三个人,但当雇主冲破重围,领着那三个人朝他开来的那辆工具车走去的时候,他的身后,至少磕磕绊绊地跟来三四十人;尾随者不甘心自己被淘汰,不愿意失去这个来之不易的有活可干的机会。雇主叫自己挑选的三个人上工具车,其结果呢,空荡荡的工具车厢里立刻就会站满了人;车帮上还有垂吊着不少人,他们在努力地往车厢里面攀爬着。工具车没法开动了,雇主对这种景象也显得手足无措。有耐心的雇主采用规劝的方式,但这种办法常常无效,而且还得耗费大量的时间;脾气暴躁的雇主先是大声地训斥和喊骂,如果训斥和喊骂不起作用,他们就干脆使用起了暴力。我亲眼看到，有雇主手操木棍或铁棒，朝站在车厢里的人一阵乱打；每一次棍棒落下，都伴随着几声惨叫。疼得受不了的人，四散逃命，纷纷从车厢里跳了下来；个别人的额头上还挂了彩，殷红的血一绺一绺地从面颊上淌了下来。

朝北走，随处可见马路边三五成群的农民工；他们三个五个，或十个八个聚在一起，彼此相距四五十米。他们多数人都无事可干，个别人坐在地上玩扑克。他们对马路上来来往往的车辆非常关注，时不时地要踮起脚跟，伸长脖子，翘首张望。如果有一辆运沙车从远处开来，站在马路边的，坐在马路边的，或者聚在马路边打牌的，都乱糟糟地朝马路的中央冲去；他们一边跑一边挥舞双臂，朝运沙车大喊大叫：停下——！停下——！

运沙车有的真停了下来；停下来的运沙车并不见得每辆都能让他们高兴。有的司机吆喝他们上车，他们似乎达到了目的，于是，就急不可待地爬了上去；当然，在谁上车谁不上车的问题上，免不了一番争吵甚至打斗；有的司机停下车，冲着他们劈头盖脸地一顿臭骂，然后发动车扬长而去。更多的司机则对他们的喊声置若罔闻，从他们面前呼啸而去，制造出一个个惊险的场面，让旁观者能吓出一身冷汗来。但他们似乎习惯了这样的生活，对自己身旁的危险仿佛没有任何察觉。

我第一次看见这种场景的时候，就询问过他们，因此，也就知道了他们为什么会对运沙车这么热情。他们站在路旁，冒着巨大的生命危险，大呼小叫地舞动着手臂，其目的只有一个，那就是能揽到出沙子的活。出一车沙子十五元，如果爬上车的人

是三个,出完那车沙子,每个人可以分到五块钱;如果爬上车的是五个人,每个人所分到的,不过是三块钱。没有人希望爬上车的人多,他们恨不能这一车沙子全部交给自己出,但那是不大可能的。每当一辆车停下来,就会有数不清的人往运沙车跟前跑;这时,爬上车厢的人就会猛烈敲击驾驶室的棚顶,教促司机快快把车启动,免得更多的人来分一杯羹。

有一个深夜,我去接一个外地来的朋友。那是冬季,刺骨的寒风呜呜地刮着,冷得人瑟瑟发抖。我走去小巷,巷口已经没有了人影;没有人的小巷口是那么的空旷和冷寂,反而让人有点儿不适应,陡增一种内心的战栗和恐惧。往前走,我忽然就发现了路灯底下游荡的身影,他们人数不少,很散漫的样子。有的三三两两地走动着,以抵御无法忍受的寒冷;有的坐在地上,头倚着电线杆仿佛进入了梦乡,发出响亮的鼾声。这些人是干什么的?他们为什么不睡觉?难道我遇到拦路抢劫的歹徒了?正在我胡思乱想之际,突然一辆运沙车开了过来,那些游荡的人,那些小憩的人,都仿佛听到了冲锋的号角,都跃身而起,朝运沙车奔去。

白师傅

白师傅是我一眼就相中的。

装修房子,免不了要雇佣一些农民工,于是我就到小区外面的马路上去找。和所有的雇主一样,我也被农民工们围得严严实实。他们七嘴八舌地叫嚷着,每个人都希望我能把他带走。

但我对其他人急切的表情视而不见，只选择了站在最前面的白师傅。白师傅在一群蓬头垢面的人中间，显得有点儿特别：他年龄明显偏大，大概有五十五岁左右；更令人称奇的是，其他农民工都骨瘦如柴、面目憔悴，他却是那么的白白胖胖；衣着虽然陈旧，但还算干净，没有太多的尘土和污渍；还有，在大伙儿都在争先恐后喊叫，甚至不惜拽我衣裳、摇我肩膀的时候，白师傅却无动于衷；他尽管站在距我最近的地方，却没有什么过激反应，只是站在那儿，憨憨地笑着，仿佛一位观看热闹的局外人。

那些落选的农民工们看到白师傅被选中，个个脸上洋溢着怪怪的笑，一副幸灾乐祸的表情。我不知道他们在笑什么，我当时的理解是，他们的异常反应缘于他们的嫉妒。

我领着白师傅从长长的巷道往里走，没走几步，白师傅就和我搞起了价钱。我说干一天二十元，白师傅说二十五；我说二十，白师傅说二十五。交锋了数个回合，我做出了妥协，答应干完活，给他二十五块钱。然而，白师傅并没有因此满足，当我们从一家餐馆门口路过时，白师傅大概受到餐馆飘出的香味的引诱，他提出中午得给他管一顿饭，别的饭吃了没劲，最好是拉条子炒面。这回我答应得比较爽快，我说没问题。

我把白师傅介绍给我的姨哥，姨哥瞅了他一眼，当时就有点儿不屑。姨哥是个泥瓦匠，技术很好。我请他来帮忙，他提出得给他找一个帮手，于是我才去马路上雇佣农民工的。姨哥冲着我说：那么多人，你千挑万选就领回了个他？你也不看看，他哪里像个干活的，身上的肉棉花包似的，蓬蓬松松，倒像个教书先

生。我对姨哥说：人不可貌相，用了才知道是骡子是马。

其实，我也不那么傻。我知道雇佣干活的，得挑选年轻的，有力气的，但我有我的私心杂念。社会那么乱，而农民工犯罪率那么高，我不想带不明底细的陌生人到自己家里来；也就是说，我不想因为装修，而给自己的生活留下某种隐患。相对而言，年龄大的人，给人的感觉似乎牢靠安全一些。

姨哥和白师傅所要干的活，就是在主卧室的毛地上，抹一层水泥；水泥地要光洁平整，为将来铺设木地板做前期准备。我给姨哥交代完有关事项，就去单位上班；还没到单位，就接到了姨哥打来的电话。姨哥的口气很不好，他显然是在告白师傅的状。他说白师傅竟然拎不动半袋沙子；拎不动不说，叫他往口袋里装沙子，他也好半天都装不满一袋沙子；叫来帮忙的，就是让他运沙子的，而今，沙子扛也扛不动，装也装不满，还要他干什么？姨哥的意思归结一句话，就是让我换了白师傅，另叫一个人来。我在电话里对姨哥说，让他忍一忍，凑合一下算了。姨哥颇为生气，诘问我什么叫凑合？拖了工期谁负责？没有一个得力的帮手，靠他一个人，赶天黑无论如何都是干不完的；而他，还要赶最末一趟班车，回老家去呢；老家有活在等着他，他不能吊死在我这个小活上。我说好好好，我马上回来。

等我回到装修的场所时，白师傅已经被姨哥解雇。姨哥一个人既扛沙子，又抱水泥，干得大汗淋漓。而白师傅呢，却像没事似的，一个人蹲在墙角抽烟；那劣质纸烟噙在嘴角，浓浓的烟雾一股一股从口里喷出来。白师傅看见我，表情有点儿不自然，有点儿惊恐，又有点儿歉意，仿佛一个做了错事的孩子，正在等待着我的惩罚和宽恕。我本来是有点儿生气的，但看到他一个五十多岁的人了，还表现得如此诚惶诚恐，恻隐之心立刻勃发。白师傅不像奸诈的人，他扛不动沙袋好像也不是偷懒，那他到底怎么啦？我想，我有必要弄明白他究竟是怎么回事。

我递给白师傅一根稍稍好一点的烟，他接烟的手在颤抖。他把我递的烟，夹在耳根上，然后就冲着我傻傻地笑。我问他是不是身体哪儿不舒服？白师傅点了点头。我问怎么了？白师傅眼里蒙上一层灰暗的光，脸色忽然之间就变得凄楚。我问到底得了什么病？为什么不去看看呢？白师傅没有说话，但却把手伸进怀里，在衣服里抓挠了许久，掏出一个皱皱巴巴的病历本，递给我，让我看。病历本已经破烂不堪，宛若千层饼似的。我打开它一看，几乎惊呆了。病历上明明白白地写着：肾功能衰竭！更可怕的是，病症名称后面还有一个括号，里面有两个让人不寒而栗的字："晚期"。病历上的日期和我看到病历的日期，相距有九个月了；九个月前，白师傅已经是晚期了，而现在则比晚期还要晚期了。我把病历还给白师傅，突然感觉自己眼前的这个大活人渐渐消失，浮现在面前的是一盏被烈风即将吹灭的残烛，一棵将要被拦腰锯断的枯树，甚至，就是一个幽灵，一个鬼魂，一具不肯瞑目的骷髅。我忍不住头皮发麻，不禁打了一个寒战。

当我回过神来，发现白师傅已经收拾了行囊，准备离去；我追上他，问他为什么不把自己的病当回事？这么重的病，应该躺在医院才对，怎么这样不要命，竟然还要外出打工，难道钱比命

更重要？白师傅瞪了我一眼，脸上呈现出难以言表的苦笑。我掏出一百元钱，塞到他的手里，他先是愣住了；接着，他又要把钱还给我，说他什么也没干，拿这么多的钱不合适；况且，他在答应我来干活的时候已经骗了我；他知道自己什么也干不了，但还是装出能干的样子。我把白师傅递过来的钱强行塞入他的口袋，说你装上看病用吧！白师傅不再推让，但一个五十多岁的大男人，此时竟然眼泪一把鼻涕一把地哭出了声。

"飞　翔"

　　"飞翔"是一个人的绰号。给人起绰号，常常带有戏谑的成分，因此是怎么低俗就怎么起，但"飞翔"这个绰号却很例外，它不但不粗俗，而且还那么饱含诗意。"飞翔"是个农民工，但他还是个诗人，与他在一起干活的伙计们，把他之所以被大家称作"飞翔"的原因告诉了我，让我对眼前这个干着繁重体力活的小伙子刮目相看。"飞翔"高中毕业后就立志做一个诗人，于是他白天埋头在田地里干活，夜晚则趴在锈黄的灯光下面疯狂地写诗。这样的日子坚守了十多年，但都没有像他期待的那样，宛若星光一般在诗坛上熠熠闪烁。还好，他还发表了一首诗，这首诗的名字就叫《飞翔》。《飞翔》发表在一家企业的内刊上，但"飞翔"却视它为宝贝，经常把那本刊物装在身上，时不时地拿出来自我欣赏。与他一起打工的工友们发现了他的秘密，大家你抢我夺，争相传阅。于是所有人都知道"飞翔"是个诗人，"飞翔"也就成了他的外号。

我与"飞翔"见面是在我家的门口。"飞翔"和他的两位工友打探到我家正在搞装修，于是他们就找上门来，询问需不需要土工？我说需要，于是他们就随我进了家门。他们的任务是把原有的水泥地面砸掉，然后把土渣运到楼房外面。三个人干得非常卖力，很快就讨得装修师傅的满意，也给我留下了好印象。令人颇感奇怪的是，"飞翔"与他的两位工友迥然不同，他的两位工友很随和，不时还幽默几句，但他却是不苟言笑。他的面色很冷，像覆盖了一层厚厚的冰；他只是埋头干活，汗水如同蚯蚓一般，在他黑黑的额头上、脖颈上、面颊上蠕动着，画出一道道的白线。你与他搭话，他要么是用鼻腔回答你，要么喉管里蹦出一个"是"或"行"来。他的衣着很粗糙，弯腰干活，半个脊背就裸露在外面。当我的热情没有得到基本回应的时候，我自然不会对"飞翔"有太多的好感。此时，我对"飞翔"还是一无所知，并不知道他是个诗人；我心里挺疑惑：这个小伙子脾气这么古怪，他怎么在社会上闯荡呀？

中午吃饭的时候，我打了电话，餐馆里送来了饭。就在大家围着桌子一同就餐的时候，我从他们的相互戏谑中，知道了"飞翔"的大致情况。吃完饭后，我就提出想读读"飞翔"的诗。"飞翔"此时已经知道我在一家杂志社上班，于是很爽快地从内衣口袋里掏出了那本内刊。在长期的磨损中，这本某市电力公司主办的名叫《电苑》的杂志已经皱皱巴巴，一打开，里面至少有三四页掉了出来。在某一页的右下角，我找到了那首名为《飞翔》的诗，署名李毛毛。李毛毛无疑就是我眼前这个诗人的真实姓名

了。《飞翔》是一首短诗,不过十二行,但里面的两句话还是给我留下了至今都磨灭不了的记忆:虽然被砍掉了翅膀/但没有一天不向往飞翔!

被砍掉了翅膀?谁砍掉了"飞翔"的翅膀,让他变成了农民工中的一员?我询问"飞翔",得到的依然是他的沉默不语,倒是他的工友回答了我的问题:贫穷嘛!

贫穷?"飞翔"到底有多穷?我的疑问带出了"飞翔"同村工友断断续续的讲述,从他们的讲述里,我寻觅到了"飞翔"生存状况的蛛丝马迹,也窥探到一个人在恶劣的条件下抗争的艰辛。"飞翔"的妻子得了肺气肿,前年去世了,家里留下了一个瘫痪在床的老父亲,一个疯疯癫癫的精神病姐姐,还有三个高高低低的女儿。"飞翔"在外谋生,十四岁的大女儿早已辍学,在家里操持家务。"飞翔"在外打工很不安心,隔三差五就要回家看一次,免得家里出什么大事。别人打工,都希望经常接到家里打来的电话,电话那端的声音,会给人以温暖;但"飞翔"却不同,最害怕有电话找他;凡家里来的电话,都让他紧张得喘不过气来,于是,他接电话的手直颤抖,嘴巴结巴得不能言语。家里的电话如同乌鸦一样,报来的永远是忧愁,甚至是晴天霹雳的灾难。"飞翔"在这样的熬煎中度日,自然不能如他诗中所表达的那样"飞翔"了。他宛若一只觅食的鸡,只能在尘泥中消耗自己的生命。

从工友给我的描述中,我认为我已经读懂了"飞翔";甚至,我都不忍心再叫他"飞翔"这个绰号了。在我看来,这个绰号简直就是一个没法愈合的伤疤,每叫一次,就好像拿着尖刀在伤疤上戳一下;被戳的伤疤鲜血淋漓,让人不忍目睹。

我能为"飞翔"做什么呢? 帮助他发表再多的诗歌,都不能解决他面临的真正的困境;于是我打电话给一位报社的记者朋友,希望他能把"飞翔"采访一下,看能不能唤起公众的爱心,给"飞翔"以实实在在的援助。我知道,"飞翔"若想真的飞起来,就必须摘除掉压在他身上的重物;而要摘除这些重物,靠他个人的能力是不可能办到的。

但令人意外的是,"飞翔"对我的好意根本不领情。他拒绝了我,倒使我显得无比尴尬。我望着他匆匆离去的背影,自己陷入了没有头绪的迷茫之中。

猫　娃

猫娃是被自己的父亲领到我家里的。我想请一位农民工帮我把装修后的余料搬出去,就在马路边叫来了猫娃的父亲;我并没有请猫娃,但他的父亲却把他领来了。他父亲说了,反正猫娃站在马路边也没人雇,还不如来做他的帮手;尽管两个人干活,但主家只需出一份工钱就可以了。

猫娃很瘦小,个头至多一米五;脸呈长吊型,颧骨外突,一双眼睛奇大。猫娃的衣着有点儿脏,让人难以辨认出它真实的颜色。和许多人一样,我见了猫娃后,首先抱怨他父亲,为什么不让孩子上学呢? 还那么小,打什么工呀? 猫娃的父亲一脸的苦笑,他说他不论把猫娃领到哪里,都会听到这样的责备。解释

吧,解释不清楚;不解释吧,似乎不给人家面子。总之,他都懒得说了。尽管猫娃的父亲说自己已经懒得解释了,但还是把猫娃的遭遇向我大致说了一遍。猫娃并不是他的亲生儿子,而是他从县医院的厕所里拣的;他把猫娃抱回家的时候,刚过门不久的妻子怒不可遏。妻子要他从哪里拣来的,再放回哪里去,但他坚决不肯。为此,妻子和他打闹了数日之后,就和他办了离婚手续,他成了一个光棍,成了村里人的一个笑柄。但他不后悔,他既做爹,又做娘,一天又一天,一年又一年,把猫娃抚养成人。猫娃之所以被亲生父母遗弃,在于猫娃有先天心脏病。为了给猫娃治病,他可没少花力气。打工的钱都送到医院里了,但还是远远不够。他最怕的就是向人借钱,亲戚们如今见了他就像躲瘟疫似的。猫娃也读书,而且书还念得比谁都好,可惜,初中毕业后,他就再也供不起了。猫娃特别懂事,他看到父亲的窘境,就含泪辞别了学校,跟上父亲出外打工了。猫娃的理想是,他要用打工挣来的钱,来养活日渐衰老的父亲。

听了猫娃的故事,我非常感动。眼前这个衣冠不整的男人,突然之间在我的心里变得高大起来。我觉得,他比那些被我们供奉在神龛里的所谓的大人物,要伟大得多。忽然之间,我就有了帮助这对父子的想法。于是我把猫娃叫到一边,问他还想不想重新回到学校去上学?猫娃表现出很为难的样子,在犹豫了相当长的时间后,他告诉我,他不想上了,原因是他已经辍学了四五年,年龄已经大了,怕跟不上;再说,他的父亲这样操劳,他也不忍心让父亲这样辛苦下去。

猫娃无论怎么看,还都是个孩子,怎么就年龄大了？询问猫娃,猫娃说他已经十九岁了。我对他的年龄颇为怀疑,于是就问他是真的十九岁,还是在骗我？猫娃点头,说是真的。我当然很惊讶。他的长相和实际年龄的差距实在太大了,他看起来充其量有十二三岁。于是,我就劝猫娃上一所技工学校,学费生活费等等都由我来负责。我对猫娃说,站在马路边打工想改变生活,生活永远也不会改变;要使自己的命运有所转机,必须仰仗于知识和技术。

我的一席话终于在猫娃的心里撬开了裂缝。猫娃同意了,他保证会好好学习,绝不辜负我对他的期待。猫娃的父亲站在一旁憨憨地笑,神情充满感激。在接下来的时间里,猫娃父子俩干活特别卖力认真,应干的活干,不属于他们干的活也抢着干,一直干到天黑才罢手。他们临走时,按讲好的价钱,我只需要付给他们三十元,但我却把二百元交到他们手里。他们坚决不要,推辞了好半天,但还是装入了口袋。我与他们约定,让他们半个月后就来找我;在这半个月中,我将抓紧时间给猫娃联系学校。

大概一周后,我从外面回来,保安叫住了我,说有人给我在传达室放了东西,让我取。我走入传达室,发现是一个很脏的蛇皮袋子,打开看,是大半袋土豆。我问是谁送的？保安说是个衣着很烂的小孩,名叫猫娃。我忽然就有了些许的感动。虽然它只是半袋子土豆,不值什么钱,但他承载着猫娃父子的一片心意;而且,猫娃家在陕南的山区,距西安很远,他们要从家里把这袋土豆背来,要费多大的力气！

我很容易就给猫娃联系好了一所技工学校。那所学校的校

长是我的一位好友,当他听说了猫娃的故事后,也是慨叹不已;他答应给猫娃减半收费。然而,半个月过去了,猫娃父子没有来找我;一个月过去了,猫娃父子也没有来找我;两个月三个月过去了,猫娃父子还是不见踪影。这时,我在屋里坐不住了,就到他们经常站立的马路边去寻找;一连找了好几天,都一无所获。就在我失望至极的时候,我突然发现了曾给我家干过活的"飞翔",他正蹲在人行道的道沿上抽烟。我走上前去,问他认不认识猫娃?他点头,说怎么能不认识;我说,你能不能给他捎个话,让他尽快来找我。"飞翔"眼皮翻了翻,然后说出来了让我大吃一惊的话:你要找猫娃,阳间是找不到了,得到阴间去找。

我愣住了,急忙问怎么回事,"飞翔"告诉我,猫娃被运沙车轧死了!猫娃和他父亲为了多挣点钱,白天四处寻找打零工,晚上就站在马路边拦运沙车;运沙车一来,他们就冲了上去,既高喊,又挥手。有的运沙车停住了,有的你再怎么阻拦它都不停。猫娃所拦挡的那辆运沙车就没停,它甚至连一点减速的意思都没有,直接就从站在路中间的猫娃身上碾了过去。猫娃血肉模糊,没有人样了,猫娃的父亲疯了似的,他抱着猫娃的尸体口口声声说要去找市长……

我再也听不下去"飞翔"的讲述了。我的心里,宛如正被锋利的刀子切割似的,鲜血淋漓。

安黎,作家,现居西安。主要著作有长篇小说《痉挛》、《小人物》等。

我是我的陷阱

王十月

过完 2000 年春节，一个问题摆在我面前，要不要去 D 厂打工？家人的意思，当然要去，这份工来之不易，且家里还欠了许多债。我在 D 厂干了一年，从杂工做到部门主管，还负责工厂的质量督察。但我决定跳厂。原因有三：一是去年腊月二十八我才从广东回家，想在家里多呆几天，再说正月去广东车票一票难求，我无法在 D 厂规定的正月初八赶回去开工；二是去年年底发奖金，同宿舍的主管奖金比我高，我颇觉受了轻视；三是去年我在一些报纸和打工类期刊发表了十多篇千字文，这让我自觉今非昔比，不再是无技术无文凭的捞仔，而是一作家。我把发表的文章剪下，贴在笔记本上，想，拿它当中专文凭应没问题。我想

找一份更有前途的工作。一年前,我在家养猪,亏光了多年打工的积蓄,把妻子的金项链也送进了当铺,还欠一身债,其时的愿望是投奔在陶瓷厂做搬运的大哥,希望也能进厂当搬运工。我拿着哥寄给我的路费,再次来到广东。哥安慰我,天无绝人之路。然而哥的厂不招工。谋一份搬运工不得,几经周折,终于进了D厂当杂工,当我用半年时间从杂工做到部门主管,现在却因老板在奖金上对我的轻慢而决定出厂,我很快忘记了一年前找工不着,夜宿佛山汾江边的窘境。

十年后的今天,当我反思这一行为时,觉得这里隐含着一个人的自我定位问题,当然,也有生存和发展、生存与尊严的问题。当生存是问题时,人是无暇去思量发展的,遑论尊严?而解决了生存问题,发展就成了硬道理,对尊严以及认同感的要求,也凸显出来。我认为这一切皆是欲望使然。欲望并非贬义词。渴望发展是欲望,渴求获得尊严也是欲望。十年后,我在一篇小说的题记中写道:欲望是第一生产力。

不知这是否算我的谬论,也不知是否有人进行过类似阐述。我固执地认为,推动人类社会不断进步发展的,正是欲望这台发动机。人类正是因为有了比其他物种更多元、更丰富、更复杂的欲望,在食欲和性欲之外,还有了美的欲望,表达的欲望……才一步步进化成现在的人,成为这个星球现阶段的统治者。欲望是一把双刃剑,人类的进步与欲望有关,而人类历史上几乎所有非自然的灾难,也都是某些人物欲望的产物。人类的欲望还催生了自然的灾难,比如温室效应。邓小平说:"我们提倡一部分地区先富起来,是为了使先富起来的地区帮助落后的地区更好地发展起来,提出人民中有一部分人先富起来,也是同样的道理,要一部分先富起来的人帮助没有富裕的人,共同富裕,而不是两极分化。"现在,邓小平担心的问题不幸成为事实。其实要求先富起来的人帮助后富起来的人,这个想法,和毛泽东一样,带有理想主义色彩,他的前提是先富起来的人是高尚的,是乐于奉献的,他们能有效约束自己的欲望。欲望是个无底洞,想用先富起来填饱,显然是不可能的。并非每个人都是欲望的奴隶,人类有天生的自我修复功能,在进化的长河中,渐渐产生了道德感、法律……从内部和外部来有效约束欲望。欲望是生产力,也是陷阱,每个人的一生,最大的敌人就是自己,每个人的一生,差不多都是在同放纵自己的欲望与约束自己的欲望作自我抗争。

说回我的 2000 年,我决定离开 D 厂,正月过完了,我才从湖北来到南庄,并且住进了离 D 厂不远的一家十元店。我拿着剪报贴本出去找工作,堂而皇之地进入佛山人才市场,结果并不像我想象的那样理想,没有哪家工厂需要会写豆腐块的打工仔。我在某天晚上偷偷溜进 D 厂看望我曾经的工友,那些来自五湖四海的打工妹。在过去,我是她们的主管,她们一直管我叫大哥。我曾在一篇散文《总有微光照亮》中写到过她们,她们的善良,她们的感恩。我的这些妹妹们见到我很高兴,围过来问我怎么跳厂了,问我在哪里做,有位女工见到我,不理我,转身跑到一边,我问她怎么了,发生了什么事,她突然质问我为什么要离厂?她哭了。另外几位女工也希望我能回 D 厂。第二天,老板听说

我回了南庄,托人带话,约我谈了一次,老板说他是想重用我的,奖金的事是个误会,是另外那个主管在吹牛,我们的奖金标准一样。找工受挫,我正在后悔,老板的挽留和工友的泪水,给了我一个体面的坡。我回厂了,还是做主管,那个接替我做了二十天代主管的工友很失望,对我颇为不满,弄得我觉得亏欠他许多,排工时总想补偿他点什么。而部门原来的那些女工却很感动,认为我是为了她们才留下的。细究起来,有这个原因,但也不仅仅是这个原因。如果我在文章中只强调这个原因,就可以把自己的形象塑造得比较高大。我们在许多的回忆性文章中,不难发现此类笔法。所谓一扬一抑,雕虫小技耳。突然想到鲁迅评价《三国演义》,"写刘备忠厚而近伪,状诸葛多智而近妖",出了一身汗,读者的眼睛是雪亮的,千万别为了彰显自己的忠厚而落入近伪的地步。

还是想打扮一下自己。留厂之后,有件事值得一提。这件事事关欲望,是我这样的打工者,在努力融入城市过程中,在接受同化与拒绝同化的挣扎中迟早会遇到的暗堡。在我留下后不久,做业务的经理请我和另外一位设计师晚上去佛山的酒城喝酒、K歌,打工十多年来,初次进入这样的场所,见到了生平从未见过的那么多的美女,那么多的雪白的肉体,也第一次对销金窟、纸醉金迷这样的词有了粗浅的认识。经理很够朋友,说要请我和设计师"开开荤",要给我们开房,我和设计师吓得找借口逃之夭夭。但回来的路上,我和设计师都显得颇为兴奋。回南庄的时候,已是凌晨一点,很不幸,遇到了治安队，我和设计师假作镇定，从治安员面前招摇而过。这是长期和治安员作斗争获得的经验，看见治安员你不能怕，你越怕他们越查你，你得装着没事一样，大大方方从他们面前过。然而那天，我们从治安员面前走过了一二十米，突然被治安员叫了回来。那时我留长发，我听见一个治安员喊："丢老母，那长头发，叫你呢，返来。"我们没有暂住证，半夜三更，又留长发，还有什么好说的？屁股上挨了两脚后，老老实实双手捧着后脑勺蹲在一边，最后自然是交了罚款才获得自由。我问治安员要罚款收据，结果是屁股上再多讨来了一脚，弄得我们颇为后悔，早知如此，不如听经理的"开开荤"。

又提到了治安员。在被人称之为"打工文学"的小说、散文中，治安员极少以正面形象出现，起码我当了四年打工刊物的文学编辑，未曾看到"打工文学"中出现一个正面的治安员形象。治安员里无好人？答案当然是否定的。但肩负着维护社会治安的治安员，在某一段时间内，恰恰又扮演了社会治安的破坏者，治安员和打工者关系紧张，也是不争的事实。我有个朋友，写小说，曾经当过治安，文职的，抄抄写写做点宣传。他以发生在身边的事为原型写了一篇小说，结果他们队长看到了，对号入座，很是恼火，骂我朋友是"反骨仔"，并勒令他"马上滚出深圳，否则老子见一次打一次"。据说现在进入了所谓的"后打工时代"，关于"前打工时代"和"后打工时代"的分界线，似乎未有定论，有人划在新千年，有人将温总理给农民工讨工资划作分界线；也有人认为，孙志刚事件是"前打工时代"和"后打工时代"的分界线。

孙志刚事件之后，国家取消了收容制度，打工人行走在大街上，也多了一份从容。治安员已经成为历史，似乎没必要揪住不放，但有些地方，这种对立关系又有死灰复燃的迹象。我曾经听某位管政法的官员在大会上很愤怒地咒骂媒体，就说是这些记者们闹的，弄得"我们区公安局一年少了十几亿的收入。没有钱，治安自然恶化"。政法委书记把治安恶化归结为取消了收容制度，因此揭揭旧伤是必要的。

好了伤疤忘了痛，我们都是健忘的人，我也不例外。

2000年5月，命运给了我一次机会，当时名声颇响的打工刊物《大鹏湾》邀我加盟。我离开工厂，成为一名编辑。后来才知道，我有幸当编辑是多么偶然。当时，我有篇小说发表在《大鹏湾》，要配照片，就交了一张登记照。这张登记照，从某种意义上来说改变了我的命运。当时照登记照，背后的布上是印有标尺的，便于确认身高。可能照相时背景布没拉直，本来一米七七的我，照片上显示身高一米八三。当时《大鹏湾》招编辑，我是众多备选作者之一，在其他条件相差不大的情况下，我的身高就成了优势，因为我们主编喜欢打篮球。当主编见到我本人时，多少有些失望，得知我根本不喜欢运动，是典型的"龟息派"，能坐着不站着的那种，颇为失望。好在我工作卖力，主持的几个栏目办得还有些声色，三个月的试用期后，终于留在了杂志社。后来我常想，如果当时照出来的身高不是这样，我将继续在工厂打工，我的命运会是怎样？我不得而知。

我们刊物是采编一体，从打工仔突然变成记者、编辑，那种兴奋可想而知。我在办公桌玻璃下压了一张纸条，上书"铁肩担道义"五字。我以为我能做一个铁肩担道义的人。从 2000 年 5 月到 2004 年 4 月，我一直在这家刊物打工。现在回想起来，这几年间，我的改变很大。最大的改变，就是从一个热血青年变成了老油条。我似乎成熟了，但也丢失了许多品质。现在，当我有机会再次成为一名文学编辑时，我很珍视来稿中那些最初的、质朴的东西。而当年，当我走进《大鹏湾》时，我深信"铁肩担道义"，离开时，变得"著文只为稻粱谋"。是什么使然，我觉得值得深究一下。理想与现实之间，有着巨大的落差。当我在工厂打工时，我觉得《大鹏湾》是一份了不起的刊物，它为打工者说话，它揭露打工黑幕，在铁屋子里发出呐喊，我天真地认为记者是无冕之王，见官大三级。进了杂志社才知道，这份月发行量曾逾十万份的刊物只是一家内刊，没有全国刊号，差不多属"非法出版物"。而我们所谓的"记者证"，在深圳市宝安区范围内还好使，离开宝安就不灵。

我曾经试图为自己由一个理想主义者变为一个颓废主义者找到借口，我找到了一些故事。比如：进杂志社后不久，我和同事曾解救过一个据说是被强迫卖淫的女子，几个同事安排了她的吃住，第二天，我给她买了回家的车票送她回家，给司机钱让司机带她一起吃饭，后来得知，刚出宝安她就下车了，而据司机说，车一开，她就在打手机和朋友联络。而那时，我们这些所谓的记者们，每人腰里还只别着一个寻呼机；又比如：有人打电话

给我说他准备自杀,他要把人生最后的一个电话打给我们。我约见了他,倾听他的故事,也做了必要的调查。他的故事很感人,从打工仔做到老板,后来工厂毁于一场大火,他坚持付清了所欠工人的工资,直到身无分文、走投无路。我劝他好好活下去,并为他写了一篇报道,文章发表后,在读者中产生了极大反响,每天都能接到一些转给他的信。后来我得知,他利用读者的同情心骗了不少钱。南山区的一位读者,出于对我们杂志的信任,一下子就被他骗了五万元,而我一直蒙在鼓里。开始他还会经常给我电话,或来杂志社拿读者给他的信,当我得知他骗人钱,在电话中质问他为什么骗人后,他就永远消失了。用余华的话说,像水消失在水中。那时我百思不得其解,我不清楚,是什么让一个准备放弃自己生命的人,突然变得如此不堪?在他的内心深处到底发生了什么?很长一段时间我都很自责,觉得那些人被骗我难辞其咎。

这样的事经历多了,我变得多少有些冷漠。人心与人心间多了一层怀疑。

多年以后,我读到一本叫《人的问题》的书,书中提到"道德的运气",每个人,面临着不同的"道德的运气"。我能指责他们,无非是道德运气比他们更好一些。如果我遇到他们同样的处境,我真能比他们的选择更高尚吗?我不敢给出肯定答案。因为假设的处境,和设身处地的感受有着天壤之别。刀子割在身上的痛,和想象一把刀子割在身上的痛没有可比性。同样是多年以后,我开始阅读一些佛家典籍,知道了"有相布施"和"无相布施"的区别，才蓦然觉醒，并为自己的过去而汗颜。那时打工者的处境比现在要严峻许多，而一份打工刊物，在他们心中，差不多就是最后的诺亚方舟。读者给予了我最大限度的信任，他们遇到工伤问题给我们电话寻求帮助，他们遇到情感问题给我们电话寻求安慰，他们把人生的最后一个电话打给我们，他们对未来抱有最后一线希望。而我呢，我对得起他们这生命最后的信赖吗？我是多么狭隘，仅仅因为一些欺骗就变得冷漠起来。"我本将心付明月，谁知明月照沟渠。"这是他们的不幸。我忽略了另外一些故事。比如蛇口一位准备轻生的人给我写信说他是个同性恋者，很苦恼，想自杀，但在接到我的信后，他回信说他走出了阴影，并为当初的轻生之念感到羞愧。比如一位走投无路的打工者，生了病，手无分文，他决定到《大鹏湾》来试试，我给了他一点小小的帮助。多年以后，他几经周折找到离开杂志社当起了自由撰稿人的我，那时他已是上海某公司驻深圳的经理，事业有成，他很感激我，一直想着报答我。

然而，我还想追问一下，不是为自己开脱，而是希望更多的人想一想，又是什么，让他们，这些打工者，把最后的希望寄托在这样一份刊物身上？

打工文学刊物，曾经在上世纪九十年代中后期，甚至新千年之初，深深地影响着一代打工者。一份内刊，仅在珠三角月销量逾十万份，其中原因，像上世纪八十年代文学深深影响过一代人一样，曲异而工同。打工者文化生活的贫乏，成就了当时的打工文学刊物。然而天地良心，我们当时并没有用全部的热情办刊，

也未充分认识到自己其实能担当更多。

　　再为自己找一个借口吧。我会说，一份非法出版物的力量是何其有限。我们时时面临着停刊的风险，我在《大鹏湾》做了四年，其中停刊两次，一次达半年之久。而我之所以进入杂志社，也是因为遇到了停刊，前面的编辑走了，而我离开杂志社不到两个月，《大鹏湾》就永久性地停刊了。但现在，珠三角的书报摊上，依然可以看到《大鹏湾》，聪明的书商知道这三个字的价值。现实像一盆盆凉水，渐渐浇灭着我曾经的激情。刊物随时面临停刊，我们的工作干干停停，既要编稿写稿，又要联系内地有刊号的刊物合作挂靠，刊物每停一次，发行量就要下去一半，又要想尽办法搞发行。前途未卜，风雨飘摇。一个北京来的骗子吹牛说有通天本事，能为我们拿到刊号，结果把杂志社上上下下哄得团团转。我清楚，我随时可能重回工厂。而妻子没有工作，孩子眼看要上学，总之是眼前一片黑暗。有的同事利用这难得的机会自考，而我，却常常借酒浇愁。

　　喝酒是常事，经常醉醺醺半夜三更被朋友架回家。有时喝醉了酒，一群人半夜三更走到海边，大笑、大叫、大哭，听崔健的摇滚。心中有太多的理想，但找不到通往理想的路。那时宝安有个大排档，排档前有几棵桂花树，我们常去那里喝酒，喝醉酒，或爬上树去，或把寻呼机扔进旁边荷塘，或把酒往头上倒。我们从晚上七八点喝到次日凌晨四五点，记得和一家报社的记者们喝酒后打过架，记得酒后在宝安的大街上顶着狂风暴雨踢翻一路的垃圾筒……半夜三更开车去布吉,醉醺醺回到办公室,当真是丑态百出。现在想来,何其荒唐。但那是我苦闷的打工岁月中曾经的真实。

细究一下,之所以这样,实在是在工厂呆得太久,知道工厂打工的苦,好不容易离开工厂,我不想再回去,受苦是次要的,当编辑让我获得了前所未有的尊重,让我经常觉得自己还是个人。这种被人尊重的感觉真好。比如,怀里揣着记者证,在宝安,我不用害怕治安仔,有朋友被抓了,CALL我,我还能从治安手中免费把人捞出来;比如那时开始禁摩,但我可以骑着挂有"采访专用"的摩托车上下班;比如我的亲戚朋友遇到劳资纠纷,他们可以不用去找劳动局,而直接找我……我知道,这一切,不是因为我怎么样,而是因为我这份职业。我不想失去这些可怜的既得利益,但又只能眼睁睁看着它们溜走。我特别能理解那些提议禁止农民工进入北京、反对取消城乡二元户籍制度的学者,不管他们说得多么冠冕堂皇,并从理论上把禁止民工入城、反对取消农村户籍上升到国家和民族未来的高度,我一眼就看穿他们的把戏,他们无非在维护自己的既得利益。利益的蛋糕就那么大,突然多了这么多人来分,就有可能把本该给他的蛋糕切掉一块。中国的许多问题,其实都是利益如何分配的问题。看穿这个本质之后,我自然就能理解那些学者为什么这样说。但问题是,怎么分配的游戏规则掌握在少数精英手中,而草根们又缺乏为自己争取蛋糕的合法手段。清醒者总是痛苦的,也许,今朝有酒今朝醉的颓废,是不错的逃避。

　　2008 年，女儿上小学五年级，一次家长会上，老师念了篇孩子的作文，题目是《给爸爸妈妈说说心里话》。那位同学说，她希望爸爸不要再喝酒了，说爸爸喝醉酒打过她。我妻子去参加家长会，后来她对我说，当时她听了，心里很鄙视那个没有教养的酒鬼家长。当她得知那文章出自她女儿之手，那酗酒打孩子的家伙原来是她老公时，她羞愧得无地自容。其时我不酗酒已多年。我想起来，有那么一回，我是酒后敲了女儿的头，那时，女儿三四岁吧。没想到，这阴影，一直埋藏在孩子心中。

　　其实不用讳言，打工近二十年，我一直努力做的一件事，就是脱离打工阶级，努力融入身处的城市。我并不觉得城市代表恶乡村代表美，处处有恶，处处也有美。我喜欢城市胜过乡村。我这样的说法，曾经被人指责为忘本，将来也许还会被人指责，但我想，我说出的是许多从乡下来的打工者的心里话。每个人都有追求幸福生活的权利，只要他的幸福不是建立在别人的痛苦之上，谁也无权指责。2008 年在鲁院期间，有位作家给我们授课，他认为现在乡村被破坏了，到处修着一样的洋楼，乡间小路也不再是石子路泥巴路而是水泥路了，这位作家忧心忡忡，觉得乡村再也没有了诗意。我当即表达了我的愤怒，难道农村人就该住在破破旧旧的房子里，走在泥巴路上，来满足你这种虚伪的诗意？然而，对于多年前的我来说，许多年的努力，这个愿望依然是茫然的，融入城市，只是一种美好的梦想，理想有现实的差距，某种意义上扭曲着人心。麻木与沉沦，足足三年时间，我几乎没写什么小说，也负了铁肩担道义的初衷。所有外在因素都是借口，真正变化的是自己的内心，那些软弱、自我、逃避，轻易把理想淹没。

2004年，我离开了杂志社，把自己关在出租屋里，读书，写作。浮躁的心渐渐平静下来，我已过而立之年，也该想一想这辈子究竟想干什么，能干什么。我近而立之年才开始写一些"豆腐干"，而差不多三十五岁，才真正弄明白我为什么要写作。由最初的想找一份工作，到后来的想挣钱养家糊口，再到后来的觉得自己对提升打工文学有着一份责任。而现在，写作不再是为了这些，写作成为我和这个世界沟通的工具，成为我表达自己的思考与观点的手段。想起在鲁院学习期间，有同学说他一直把我引为对手。当然，他指的是文学上的。我感谢他对我高看一眼，但我对他说，我只把自己当对手，我要努力战胜的人只有一个，那就是"我"。

王十月，作家，现居广州。主要著作有长篇小说《无碑》、《31区》等。

歧路上的孩子

江　子

一

　　我的妹妹决定去广东。她说要去找她的丈夫。今年春节，她的丈夫因为工作忙没有回家。至今为止，她有近一年时间没有见到他了。

　　我的妹妹不是什么上过大学、受过高等教育的女子。她不过是个农妇，一个识字不多的乡下女人。我的妹夫也不是拿国家薪水的公务员或者大公司的老板和白领，他只是一个进城的青年农民，一个再普通不过的打工仔。

　　自从妹妹和妹夫结婚开始，妹夫就常年在广东某地做工，一年顶多回一次家。我的妹夫是一个相当老实本分的人，也没有多少文化，每次见到我，都不太敢和我说话，身体绷得特紧。他的村庄资源非常贫瘠，人均七分地，且十年九涝，出门打工，是没有办法的选择。

妹妹要去广东我想多少隐藏了她对丈夫的想念。可是她没有说。作为一个乡村妇女，她当然羞于表达这一点。她的理由是要带孩子去看爹。她担心孩子长期见不到爹不好，到底哪里不好，她说不上来。

我的妹妹有两个孩子。大的七岁，他小时候经常说一些"唐僧是树变的"、"关云长的大刀自己会流血"之类莫名其妙的话，曾经是死缠烂打的那一类，记得有一回我被缠得没法子只好关门躲避，他在门外把门踢得嘭嘭直响，最后索性大哭了起来。要知道，我老家的孩子，大部分见到我就像是老鼠见了猫。而现在他变得有些害羞，特别奇怪的是，他不吃荤食，只是偶尔在大人的逼迫下喝点肉汤，我笑他前世准是一名和尚，他把头低下去，嘿嘿嘿直笑，嘴里嘟囔着说，我是和尚你是方丈呢……小的只有三岁，他的妈妈和奶奶还经常抱他，他经常在大人的背上偷偷脱下鞋子，待发现后他笑得咯咯咯地响，深为自己的恶作剧感到骄傲。……总之，这是两个非常可爱的孩子。

妹妹带着孩子们在老家留守，妹夫在广东打工，这样一来，他的老娘——一个七十多岁的乡村老妪长年看不到儿子，我妹妹常年见不着丈夫，我的两个外甥在长期缺乏父爱的环境中长大。对我的两个外甥来说，爸爸是一个虚无的存在，他不过是手

机里没话找话说的一个声音,墙壁上的几张模糊的照片。每次我回老家去看他们,问起他们是否想爸爸,七岁和三岁的两个孩子就好像都商量好了似的集体勾着头不说话,让我看着多少有些不忍。

我的妹妹一家上路了。她背着两个蛇皮袋,蛇皮袋里放着她们一家老小的洗换衣服、洗漱用具,孩子的书包和玩具,还有路上吃的食物。她的两个孩子,大的那个可以由她家婆牵着,三岁的肯定是她抱在怀里。她的家婆年纪大了,脊背弯曲,瘦骨嶙峋,肯定没有力气抱。我的妹妹就这样摇摇晃晃、顾头不顾腚地上了火车。妹妹出远门不多,缺乏旅途生活的经验,她带着老人孩子登上火车肯定会有一定程度的紧张。这样一支背着蛇皮袋、由老人孩子组成的寻亲团队,更像是一支逃亡的队伍。而两个孩子,因为从来没有坐过火车,肯定会有一些兴奋,我想更多的会是陷身陌生人群的恐惧。他们或紧紧攥着大人的手,或者用双臂紧紧缠着大人的颈,唯恐一松手就会把自己给弄丢了。当他们在座位上小心坐下,我似乎看到,车厢的玻璃窗后面,那几张被旅途挤压得变形的、惶然无助的脸。

二

我的侄子离开老家的时候是在农历五月。他出生于那一年农历二月,五月时他其实刚满百天。那一年端午刚过,我的弟媳不顾我父母的一再规劝、哀求,决定第二天离开我的乡下老家回广东东莞。她说到"东莞"这两个音节时流露出的甜蜜、亲切和向往之意，以及脸上不加掩饰的迫不及待的神色，让人以为是一个游子说起故乡。而事实上，东莞不过是她和我弟弟打工的城市，在那里，除了一间小小的租赁的房子，他们依然一无所有。现在，我的弟弟依然在东莞，弟媳此去，他因请不到假并不能回来接送。可是弟媳已经义无反顾，她的情绪已经坏到了极点，几个月的乡村生活，让原本温顺乖巧知情达理的她，变成了一个疯子。

我的父母对弟媳近乎哀求的挽留并不是对弟媳有多么不舍。他们知道，离别是最平常不过的事。他们舍不得的是我的侄子。对父母来说，我的侄子只是一团柔软的肉，一个还经不起任何惊吓伤害和搬移的易碎品，一个连轮廓都来不及长出来的婴儿。我父母认为，我的侄儿暂时不宜离开老家，因为弟媳所说的他们没有到过的东莞，不能为孩子的健康成长提供一个相对稳定的家，年轻的弟媳又没有足够的育儿经验，很难对孩子做到悉心的照料。而且带着这么小的孩子坐汽车转火车去千里之外的地方无异于逃难。

可我的父母最终拗不过弟媳。因为生孩子，弟媳从春节开始已经在乡村老家呆了五个多月。弟媳是湖南人，对我的老家——一个位于江西吉水赣江边的名叫下陇洲的普通村庄，她在情感上多少感到有些生疏。在年轻人都出门打工，只留下老人和孩子的乡村，只有二十来岁的弟媳难免会感到寂寞。乡村的各种条件依然简陋，比如电视只有两个台，吃回肉都要跑到三

里之外的小镇购买,厕所竟然到了不遮羞的地步,她能呆上五个多月已属不易。她要离开也在情理之中。作为孩子的母亲,她要把孩子带在身边更是天经地义。

父母只好妥协。他们心如刀割,表情凄然,可又不得不在弟媳面前强装笑脸。他们忍不住一遍一遍地亲吻孩子的额头,除此以外,他们束手无策。当看到去县城的班车远远开来,他们点燃了送别和祝福的鞭炮。我的在弟媳背后的褓褓中睡得正酣的侄子此时被突然响起的鞭炮声吓醒,在我老家门前的巷子里发出了一路不顾一切的哭声。听着我侄子的哭泣,目送着班车渐渐远去的身影,我年事已高的父母背靠在插着祈求平安的新鲜艾草和菖蒲的门前,不禁老泪纵横。

三

乡村越来越荒凉了。青壮年大多去城里打工了。他们背着行李,怀着欢欣鼓舞的心情乘坐春节过后的班车离开家乡,向全国几乎所有的大中小城市潮水般涌去。他们脸上的笑容,让人感觉好像他们要奔往的,是一个传说中满地都是金子的城堡。他们走下班车,又登上了火车。我似乎看到他们在人群中的紧张、慌乱。他们背着行李,穿行在车厢的过道。当他们找到位置坐下来,我似乎看到他们脸上有短暂的轻松。在硬座车厢的座位上,他们脸上的表情向往和迷茫交织……那坚硬的呼啸着喘着气儿奔跑的火车,正成了他们在异乡的生活的隐喻。他们幻想着自己有像火车一样的速度和把大山戳出一个又一个洞的力量，可是，生活总是把他们扔在一个为他们所不知的站台上。他们携带着梦想远行，却又无法把握自己的命运，就像火车的前方，正是不可知的未来。

而在这一场中国乡村大迁徙中，在这一场乡村与城市的博弈中，那些无辜的乡村孩子，成了被扣押的人质。他们本来还处于游戏的年龄，却要被沉重的命运驱赶。他们与老人一起驻守在残破荒凉而寂寞的村庄里，或者被火车押解着行驶在乡村与城市之间。他们的一张张过于早熟的忧伤的脸，被异乡的月亮睥睨；他们的睡梦，被故乡为离别炸响的此起彼伏的鞭炮声惊醒。而他们内心的残缺和伤害，是乡村被放逐之后必须付出的成本。

每次在旅途和乡村看到这样一张张无辜受难的脸，我的心里就会非常难受。

四

我初中的同学黄小文前些天从故乡来到省城。他在我曾就读过的故乡中学当校长。老朋友的造访总是让我开心，我在酒店招待他吃饭。多日不见，我们推杯把盏，说起小时候的许多人和事，心里油然荡起一阵阵欢娱。我问起他的工作情况，他顺便跟我说起不久前学校里发生的一件事。故事的主角是个初中女生，年龄只有十三岁。听他们的班主任讲，这个女生身材瘦弱，

平日里沉默寡言,独来独往,丝毫不引人注意。可有一次,她成了全校的新闻人物,原因是女生突然晕倒在教室里。女生的晕倒使正常的教学工作无法进行,教室里乱成一片。我的同学黄小文闻讯赶到现场,立即组织师生把孩子送入医院。医生初步诊断后说,孩子的晕倒乃是青春期营养不良引起的贫血所致。经过医生简单的救护,女生慢慢醒了过来。

我的同学当时开始了与孩子的谈话。他想从孩子的嘴里获得她父母的电话号码,以通知他们及时赶来。这本是工作最正常的程序,可孩子的回答让他愕然。孩子摇了摇头说,别打了。孩子说,她的父母都在广东打工,家里已经没有任何亲人了。

黄小文说,你知道么,那女生每到周末回家,都是一个人守着一栋空荡荡的房子,洗衣做饭,自己照顾自己。一顿泡一碗方便面,吃一碗水泡饭是常有的事。

黄小文还说,现在的乡村,这种情况的孩子远不止一两个呢。

我记得我当时的反应。我准备夹菜的筷子悬在半空中。我的心里非常非常难受。我的胸口闷得慌。我突然有一种想骂人的冲动。我想我的表情肯定非常难看。我同学黄小文当时有些吓坏了。我们的谈话有了一片刻的停顿。

可我能骂谁呢?骂女孩的父母对自己亲生骨肉的不管不顾?他们奔赴异乡,不过是为了让自己的生活可以好一些。我能骂那女生不晓得照顾自己?她只有十三岁,就已经在逼迫下开始学习独立生活。我能把罪责归咎于故乡过于贫困、乡党过于愚笨吗？土地是无罪的，我的乡亲一个个都有着世袭的勤劳、俭朴和隐忍的美德。他们曾经长年过着日出而作、日落而息的生活，他们更希望从土里刨出金子。但是，他们都失望了。他们不得不奔跑在逃亡的路上。

我们吃饭的地方是在城里一个不错的饭馆。我们的饭桌旁边有一群人正在斗酒。另一个桌子上，几个穿着时髦的青年男女正在发出愉快的调笑。他们的桌子上杯盘狼藉。这样的景象让我们丝毫不怀疑我们遇上了好年景。如果我控制不住咆哮起来，他们一定会用嫌恶的眼神看着我，就像看着一个疯子。

我只有长长地叹了一口气。

五

经常在因特网、电视、报纸上看到和听到一些火车上生孩子的消息。

我在"百度"里输入"孕妇火车临产"几个字，找到的相关网页就有约 62 900 篇。现将其中几条消息摘要抄录如下：

1.《孕妇火车上临产，两列火车紧急让道送其入院产子》 2007 年 3 月 26 日早上，成渝线洛中子车站附近，1322 次列车（广州开往重庆）上一孕妇突然发作出现临产症状，情况十分危急！成都铁路局调度中心让前方行驶的两列火车紧急让道，列车全速开往菜园坝火车站，随后孕妇

迅速被送往医院,顺利地产下了一个男婴,目前,母婴平安。

……据陈先生介绍,他和妻子一直在广州打工,由于怀孕的妻子还有十多天就到预产期,2日下午,他们便坐1322次列车准备返回涪陵老家待产……

2.《孕妇火车临产,同车医生接生母子平安》 2005年7月28日凌晨,深圳开往湖南岳阳的一列列车上,一名孕妇突然临产。此时离最近的车站还有一个多小时的车程,就在这千钧一发之际,列车长果断下令在列车上寻找医生。随后,两名医生和列车工作人员在车厢内为产妇进行接生,最终产下一个健康的男婴。

……原来,这对夫妇长年在东莞石龙打工。怀孕后,孕妇曾经到医院进行过检查。检查结果显示胎儿脐带绕颈,很有可能需要剖腹产。他们打听到在东莞进行剖腹产需要七千余元,而在老家岳阳却仅需两千余元。为了省钱,这对年轻夫妇决定冒险乘坐火车返回岳阳老家生产,此时距离预产期仅有一个星期时间……

3.《孕妇火车上临产,列车员乘警围成人墙播音员接生》快报讯(实习生 陈诚 记者 高国) 昨天傍晚,在温州开往南京的5056次列车上,一名孕妇突然临产,列车上的播音员刘长爱"徒手"为孕妇接生,使一个小生命呱呱来到人间。

据了解,产妇和其丈夫王多权均是贵州余庆县松烟镇人,准备乘坐该次列车经南京返回老家生孩子……

4.《大年初一孕妇列车上临产》新华报业网讯（2007年2月20日）　大年初一凌晨4点半左右,杭州开往大同的1592次列车途经安徽滁州时,一名孕妇乘客突然临产。列车长闻讯后,立即组织列车员安抚照顾孕妇,而一名学医的女学生边打电话询问导师接生知识,边帮助接生,产妇顺利产下了一名男婴……经询问了解,黄某是从常州回安徽砀山过年的,由于长时间坐车,心情紧张出现早产症状……

够了,我不想再列举了。从中我们可以发现,那些在火车上生孩子的人,几乎都是出门打工然后急匆匆往回赶的乡村妇女。

几乎所有消息的撰写者都极力把救助场面的气氛渲染得紧张、危险而热烈。的确,对于记者来说,这是一块好料。它既有利于塑造铁路部门出于人道主义倾情救难的良好形象,又有利于宣扬一方有难八方支援的社会公德。在这些消息中,列车长、医生、列车播音员无疑成了事件的主角。我甚至能从这些消息中感受到记者下笔时的激情澎湃热血飞扬。

可真正的主角被忽略了。我说的是那个产妇和生下来的孩子,还有产妇的丈夫。生孩子这样的大事,最适合的地点应该是医院和家中。可他们为什么要等到临产才匆匆往家里赶? 是什么让他们饥不择食慌不择路? 是什么在背后举着鞭子,抽打着他们无暇顾及孩子的出生而奔赴在求生的道上? 他们是否要用一生来对孩子深怀歉疚? 当有一天孩子知道自己的出生故事,

做父母的会是怎样的尴尬,做孩子的会是怎样的委屈?

六

　　这是在广州到安徽合肥的火车上。我刚在广州开完了一个会,正在回南昌上班的途中。这是在六月,天气很热,当我登上火车,我的背上全部湿透了。

　　而火车上与我邻床的一个农民模样的旅客比我湿得还要厉害。当我看到他时,他的头上冒着股股热气,脸上全是汗水。他一个劲地用一条褪了色的旧毛巾擦汗。可是他刚擦完不久,汗又在他的额头爆出来。

　　他大概五十多岁,皮肤黧黑粗糙,白色的衬衣皱巴巴的,露出里面褪了颜色的红棉背心,一副农业学大寨年代的宣传画里典型的农民打扮。当然他的神态远没有宣传画里的气宇轩昂,那张胡子拉碴的脸上有些苦涩。

　　他坐在我的床位上。床位间的茶几上堆了一个鼓鼓的塑料袋,我的床上也放着一个旧的鼓鼓囊囊的旅行包。旅行包的提手虚了边,看样子就要断了。

　　他看到我向他出示了火车票,马上停止了擦汗,脸上堆满了笑,用我非常难懂的方言说同志,我没买到下铺的票,你能不能给我换到中铺?我带着孩子呢。

　　——这时候我才看到孩子,在他的身后,旅行包的前面。

　　孩子很小,和一只刚生下来的牛犊子差不多大。虽然嘴巴里咿咿呀呀的,但还不会说话。眼睛黑亮,会看人,还会笑。一笑,露出两个小酒窝,然后又被别的什么吸引了,一脸的疑问。一会儿,就觉得无趣了,转过身去背对着人,举着两只胖乎乎的小手放到嘴里吮吸,口水流了下来,打湿了床单。

黑黑的卷发,白胖的小脸,长长的睫毛,小巧的嘴巴,藕节一样柔嫩的胖乎乎的小手,和年画里的娃娃差不多。如果穿一件红色的肚兜就更像了。不过,她穿着白底蓝色碎花的连衣裙。裙子老翻上去,不知羞耻地露出证明她性别的性器官:是个女婴。

孩子可能不到一岁。一问,果然只有十个月大。还不会走路,大人扶着她坐起,一会儿就倒下去,再坐起,又倒下去。

这孩子太小了,小得让人心疼和担心。这孩子现在在离家千里之外的火车上,这就更让人担心了。几乎所有的人经过的时候发现孩子都不由自主地放轻了手脚,似乎是怕吓着了孩子。

——我自然无法拒绝这样的请求。我爬上了那老汉换给我的中铺。我带在火车上看的书也无心看了。我盯着那个孩子。我知道那肯定又是一个打工人家的孩子。我知道围绕孩子的肯定是一个让当事人无所适从的故事。这样的故事太多,我不得不又一次涉身现场。

果然,那老汉说,那孩子是他孙女儿。他的儿子媳妇在广州打工。孩子本来放在安徽乡下老家带,可是,前不久,儿子媳妇想孩子想得厉害,老汉只好从老家抱来给他们看。只住了几天,这不,又把她带回去呢。带这么小的孩子,本是女人家干的事,

但自己老伴不识路,又晕车,只好自己来了。

老汉还说,他家离合肥有两百多里。坐火车到合肥后,还要坐三四个小时的车到县城,再坐一个多小时的车才能到家。一个人倒好办,可带个这么小的孩子,吃喝拉撒的,麻烦大了!

我才知道上火车时他为什么头上冒那么多的汗。——背着两个包,带着这么小的一个孩子,的确够他受的!

我知道从广州到合肥要十多个小时的路程。现在是上午十点。如果顺利,他到达家中要明天下午。这个手脚笨拙的农民,要带着这个不到一岁的孩子,这样一团柔软脆弱的肉,经过十多个小时的颠簸折腾,到达合肥,然后再乘坐公共汽车回到山乡的家中?

那是一个鸡蛋或者一块玻璃,一不小心就会破碎。

那是一个需要我们加倍怜惜呵护的幼小生命,我们必须全力以赴。

那是千千万万被驱赶着在路上奔跑的孩子中的一个,是无辜却被旅途扣押的人质中的一个,当然,也可能是全部。

我总疑心那是吉凶未卜的旅途。疾病、饥饿,过于动荡的火车,一路的吃喝拉撒,都足以成为伤害孩子的隐患。

七

在摇晃不已的旅途中,我盯着那个孩子和老汉。

孩子开始烦躁不安。她不顾一切地哭着。老人怀疑她是饿了，从茶几上的鼓鼓囊囊的饲料袋里倒出婴儿米粉，装入奶瓶用开水冲了，凉后给孩子吃。孩子甜甜地吃着。

老汉还从塑料袋里掏出一种叫威化饼的食品，撕开包装纸喂孩子。孩子脸上顿时布满了泪痕和饼干的碎粒。老汉用那条带着汗味的旧毛巾给孩子擦了。

孩子又哭，老汉怀疑她渴了，喂水。孩子喝水，小喉咙一动一动。

孩子睡得香，老汉怕车厢里的空调凉了孩子，从旅行包里拿出孩子的小衣服，盖在孩子身上。

孩子醒了，拿着几张拆开的威化饼的塑料包装纸玩。床铺上顿时布满了威化饼的碎屑。

孩子把尿拉在床单上了。老汉左右看了一看，见没有乘务员经过，赶紧把有尿渍的床单与没有人住的上铺的干净床单调换。

孩子又哭，喂水不喝，食物不吃，哄着睡觉不睡。老汉非常无助。他的耐心渐渐耗尽。他突然咆哮起来，把孩子掷在床上，失控的手掌重重地打在孩子娇嫩的屁股上，屁股顿时红了，孩子哭得更厉害了。老汉又抱起孩子，摇晃着，哄着，轻轻拍打着孩子的背。他一脸的懊恼和悔恨。

老汉对着孩子唱着一种我根本没办法听懂的歌谣。我想那歌谣一定来自他自己的家乡，与古老恬静的乡村文明息息相通。许是受了歌谣的抚慰，孩子又睡过去了。

中午一点多，老汉趁孩子睡了，赶紧泡上一碗方便面吃了。

浓重的方便面气味和着孩子的尿味在车厢里飘荡，经久不散。我敢肯定，那是我这一辈子闻到的最为复杂难言的气味。

孩子又哭，老人又哄，又喂……

一路上，我就看着老汉翻来覆去地折腾，看着一个笨拙的乡村男人在一个只有十个月的孩子面前的黔驴技穷。我感到他都要虚脱了。

天慢慢地黑了。

八

半夜，我背起包，走下了车。我看到老汉依然没睡着，他靠在床头上发呆。在熄了灯的车厢里，老汉的脸模糊一片，可借助外面车站的灯光，我分明看见他的眼里满是一个男人只有身处困境才会显露出的无助和哀愁，让我吃惊。当我下床的时候，他和我招呼，我看到老汉脸上对我早到家的羡慕和对漫长旅途的忧心忡忡，他后面的旅程无疑将变得更加艰难。而那个睡梦中的孩子突然尖叫起来——她可能是被到站时火车刹车车轮在铁轨上摩擦的尖利刺耳的声音吓坏了。那一声尖叫，仿佛玻璃的破碎，充满了对她所不知的世界本能的恐惧、反抗和抱怨。

那一声尖叫被我的耳朵收藏，在我的胸腔激荡。它像一把小而锋利的刀子，刺痛了我。

我下了车，提着行李在站台上走着。站台上灯光幽暗。我的影子在灯光下一点点地缩短，又一点点地拉长。我的心是沉重的。我担心这个老汉,以及那个孩子。我突然感到莫名的委屈。我想起了我的外甥,我的侄子,那个晕倒在教室里的十三岁的女生,还有更多被驱赶着在路上惊慌失措地奔跑的孩子。我知道我不能阻止这一切的发生,就像我没有办法让奔跑的火车停下来。那么,请允许我祝福这些孱弱而无辜的生命。我似乎听到,在一个相信神的国度里,一名叫泰戈尔的诗人,正模拟神的口吻,朗诵着他充满了爱和祝福的诗句。那些诗句,正契合了我此刻的心境:

> ……他已来到这个歧路百出的大路上了。
>
> 我不知道他怎么从群众中选出你来,来到你的门前抓住你的手问路。
>
> 他笑着,谈着,跟着你走,心里没有一点儿疑惑。
>
> 不要辜负他的信任,引导他到正路,并且祝福他。把你的手按在他的头上,祈求着:地下的波涛虽然险恶,然而从上面来的风,会鼓起他的船帆,送他到和平的港口的。
>
> 不要在忙碌中把他忘了,让他来到你的心里,并且祝福他。
>
> ——泰戈尔《新月集·祝福》

江子,作家,现居南昌。主要著作有散文集《入世者手记》《在谶语中练习击球》。

回村庄之路

准回车键

乡村是我们的老家

回村庄之路

马　叙

上街头，时间的轻率让人这么不知所措

　　我怎样来回忆这条老街？白溪。上街头。短的（一百五十米左右），半截的（与下街头合成一条完整的街道），旧的（清末民初的老房子），安静的（日益清冷的街面，一日只有几人从这里穿过）。但是，我一直没想到会用上这个词：消失。我一直想，至少这个词不会由我及我的同代人来说出它。在这之前，这条老街一直存在在白溪乡（现在叫雁荡镇，一个没意思的镇名）的西北角，它是那么陈旧，那么安静，除了为数不多的几个老住户，几乎不再有行人从它中间穿过。午后影子的切割使这条老街更加寂

寥。小时候,我从与它对应的下街头往上街头走,穿过它要近半个小时,那时这条街仍然繁华,我要侧着身挤过一个又一个的大人往前走,同时还要一间一间地往左右挂着红红绿绿货物的店铺逐个看过去。这样一直走,走到上街头尽头的路廊那里,那里有着许多从上灵岩、下灵岩等村子来的卖柴的人,大捆的柴歇在路廊的两边,卖柴人就坐在柴担上等待着买主。我一般是到了这里后就折回头来再往下街头去,这样,在半天里,就等于逛过了两次上街头。我在这条街上剃过无数次头,买过许多次二分一支的铅笔、二分一块的橡皮、五分一册的练习簿、七分一本的连环画、一分一块的棒棒糖、一分三个的半个筷子头大的小鞭炮、二分一个的油炸虾糕。之后,我每回到家乡都要从这条老街上穿过。穿越它的时间慢慢地快了起来。少年时代穿越它半个多小时。青年时代穿越它十五分钟。随着我所经历的时间的推移,上街头的街面越来越冷清。两旁的店面逐一关闭,它的店面终于开得越来越少。到了人到中年的我从这条街上穿过时,整条街上只开着四五间杂货店。有两间还只是半开着店门。而我穿越它的时间也更快了,十分钟,有时则只七八分钟就走完了整条街。

　　现在,我再一次来描述消失之前的它。我要重复说出这几个词:短的、旧的、安静的、寂寥的。这是上街头这条老街在过去几年来的真实状况。它两旁清末民初的老旧木结构房,使得它成为附近一带最古旧的街道。当我在三年前的那次也是最后一次更快地穿过它的时候,我却长久地没从对它的记忆中穿出。

这记忆不是铅笔、橡皮、练习簿，不是连环画、棒棒糖，而是它对我的记忆的一种弥漫的存在——旧的，安静的，固有的，深邃的，木质的。瓦与椽，榫与梁，井口与青苔，老人蹒跚的步履，孩子迷乱的天空，生活与百货，炊烟与木柴。来自附近各村庄的同是白溪话却有着微妙异样口音的说话声。我能很清晰地辨别出上林村、泽前村、上旺村、上阮村与樟树下村、靖底施村、朴头村以及与上詹村、白箬岙村、南岙山海岛口音的区别。甚至大荆人也会出现在上街头的市面上，大荆话已接近邻县黄岩话了。孩子听到说大荆话的大荆人就会跟在他的后面走一段距离，想看看有什么新鲜的事没有，因为大荆与这里路远，要翻山走十多里的路才能到达白溪，孩子们总是觉得越远的人越有新鲜感。但是，那时的孩子，有的竟在青年时代就死掉了。有的则在接近中年时死去。我有时走在上街头上，似乎看到他们的影子站在旧街道的一侧，与过去的时间一同虚幻地存在于这个清冷的上街头。是上街头的清冷带出了早已不在了的他们的出现。

2006 年初，"上街头"一词在我提交的一份政协提案中出现，我试图以提案的形式让官方注意这条百年老街，从而把雁荡山周边这唯——条完整的百年老街列为县级文保单位。这份提案中，反复出现白溪上街头、百年老街、清末民初、文化保护、雁荡山这几个关键词，并提出重新开发老街作为雁荡山人文一景的建议。在几位官员都在的小组会上，我又对这份提案作了口头陈述。但是会议过后一切石沉大海。2007 年 11 月 29 日晚 11 时，我的手机响起，是在温州市委工作的朋友李远澍来电，

说，今天夜里白溪街失火，房屋烧掉很多很多啊，几十间。听了李远澍的来电，我心里一震，难道是老街上街头吗？正是上街头，远澍说。

我在网络上搜索出了这条当时转帖于杭州19楼论坛的火灾新闻："2007年11月29日晚8时许，白溪老街突然起火，由于老街房屋都是砖木或木结构，耐火等级低，没有防火间距，火借风势迅速蔓延扩散。极短的时间内，数十间老屋就被火舌吞没，猛烈燃烧。由于道路狭小，消防车根本无法进入街内，最先赶到的三辆消防车所载的水很快就用完了。火场周围没有市政水源和天然水源，最近的消火栓也在一公里以外。消防干警立即调整战术，一辆车布置水枪阵地从北面进行堵截，防止火势进一步蔓延，其余两辆消防车往返一公里外的消防栓进行运水供水。来自乐清虹桥、乐成、芙蓉、柳市和温州市区的共十七辆消防车闻讯后迅速赶来支援，一百一十余名消防队员采取运水供水和接力供水相结合的方法确保消防水源，并在火场南面也设置力量展开进攻。经过两个多小时的连续奋战，火势得到基本控制，但直到30日凌晨3时50分左右，火势才被彻底扑灭。村民黄先生说，开始火还不大，大家听到呼喊都跑出去了，不一会儿，整个村道就被大火封住。村民王先生说，幸亏村干部组织三十多人拆了三间房子，缓解了火势的蔓延，给消防队救火赢得了宝贵的时间，保住了后面的三百多间房子。雁荡镇工作人员介绍，失火的老街住的大多是老年人，还有一部分是当仓库的，所幸九十五间房屋里的二十七户人家都撤出来了，镇政府当晚就安排几户无处安身的村民住到老人协会里……大火过处已成一片废墟。"这是上街头那一夜的惨烈的火灾过程与火灾场面。这则新闻详细地记录了火灾发生后上街头成为废墟的全过程,短短的七个小时。火灾。废墟。青烟。寂灭。时间黑洞般塌坍。一条百年老街从此消失不再。

2007 年 11 月 29 日,这一个日子,成为了上街头这条老街历史的终止时间。2006 年,我写提案的那天,写下上街头这个街道地名名词时,心中就有着一丝不祥的预感,心想,如果不再采取严厉的保护措施,这些成排连片的木结构屋也许有朝一日会毁于一场火灾。2006 年初到 2007 年底,这近两年的时间,这场毁灭竟真的一日一日地逼近上街头。2007 年 11 月 29 日。冬。月黑风高。上街头的黑色日子。火灾终于突然地降临。百余年时间,这条老街于这时终止在一片焦黑的废墟上。我在火灾后的现场新闻照片上,看到一位老人与孩子惘然地站在还冒着青烟的废墟边上,他俩就这样地站着。昨天还那么安静的老街,今天已经成为眼前的一片冒烟的废墟。那次回老家时,我仍然从白溪桥头下车,仍然要从上街头走过,突然想到再也没有上街头了。就这样,时间的轻率让人这么不知所措。我先前用于形容它的那些词汇,现在仅仅存在于我的文字中,它再也没有了对应的场景。上街头在哪里?半截的旧街在哪里?冷清的店铺在哪里?它们,包括我的书写它们的文字,已经悄无声息地沉寂在了时间的深处。沉寂的场景,沉寂的过去。

我写下这两个地名名词:白溪。上街头。

我不得不写下这个词：消失。

高速公路南北切割村路与田地

上林村处在高速公路以东那一边。

同三线。汽车轰隆隆地从高速公路上向南或向北飞驰而过。高速公路从黑龙江同江起始一直达海南三亚。白溪是同三线上的一个点。同三高速白溪进口（雁荡山进口）往北：大溪、路桥、黄岩、三门、临海、天台、新昌、嵊州、上虞、绍兴、杭州、上海、江苏、山东、河北、辽宁、吉林、黑龙江。同三高速白溪进口往南：虹桥、乐清、北白象、南白象、瑞安、平阳、苍南、分水关、福鼎、涟江、福州、泉州、厦门、漳州、广东、海南。2001年，这条高速通车，分流了狭窄的尘土飞扬的104国道。高速还在建造过程中时，上林村有些村民说，泽前村厉害，他们让高速开了个大口子让村人走路出入还可以开大车通过，而通往上林村的是涵洞，只能走人与黄牛。我从白溪下车回村时确实得经过这涵洞。低矮、黑暗、车子嗡嗡嗡嗡从头顶开过。从中间往涵洞两头看，只看到两个亮光组成的正方形。这光亮的正方形如两块切糕把两边的黑暗往中间压缩。走过这段不长的三十多米的涵洞时，脚下是厚厚的尘土。我因此感觉心跳气闷，目光黯然，身体摇晃。这感觉的时间很短。它把我从乡路短暂地剥离出来。向南北无限延长的漫长的高速公路与它上面的飞速行进的汽车，让我产生从未有过的压抑感。从涵洞往东的方形光亮中我看到了远处的上林村西面轮廓的一部分。走出涵洞,是稍稍平静的土地。我在这稍稍的平静中回头往高速方向时,看到了半人多高的无限延长的铁丝网。铁丝网宣告了高速与村庄无关,它仅仅是通过这里。

高速公路路基下的庄稼长势并不好。噪声、尾气从高速路面上翻滚而下,覆盖上林村西边土地上的散乱的坟茔。小时候,我与村里的伙伴每当冬天的时候,会常常来到这些向阳的椅子坟上玩耍,靠在坟圈上,晒着冬日太阳,吃着各自从家里带出的零食,猜着这些老坟深处的先民的身份,我们仿佛看得到他们的安详的灵魂。有时从模糊的坟志上辨认出坟主的名字及与后代的亲缘关系。就这样,冬天我们总是从一个老坟到另一个老坟。新坟我们是不去的,那里还弥漫着死人的气息,新砌的刷了石灰水的白色坟圈也让我们感觉很冷很惧怕。老坟总是显得亲切而温暖。但是,现在我再认不出这里的一个个的坟堆。比如以前我是分得清李姓家族先人的坟、张姓家族先人的坟以及林姓家族先人的坟。现在,所有的坟都被扒掉了坟圈,变成一个个乱石堆,露出一点点坟肚,坟肚上又堆着乱石,与原先相比,现在的模样丑陋至极。所有的坟茔已经不再有原来的面貌。原来村路边的永桂的父亲的坟是所有这一带坟中最大的双迭坟(双坟圈),它是这一带唯一一个朝东的坟,现在也已被拆成了一个难看的乱石堆。这些坐在土地深处的上林村先民们原先安宁的灵魂被时代惊动。我想,走在这里的夜路上,如果能遇见这些灵魂的话,也不再是有着原先安详面貌的先民灵魂了,出现在我的面前

的肯定是与乱石堆一样散乱面目不清充满迷惘神情的灵魂。这些乱石堆的形成与高速公路的建设几乎是同时出现。它们与高速公路没有直接关系，它显示的是一个时代来临时乡村面临的从里到外整体的拆解与切割。

我从老家房子的楼上，向西望，已经再看不到白溪街，只看到高速公路南北阻隔在那里。我的身边，年迈的父母眼神迷惘，目光黯淡，他俩低沉地、语速缓慢地说着村里的事，也说着高速公路阻断那边的人与事。他俩已经看不清晰上林村向西方向的事物。在父母的感觉上，上林村向西方向一直到白溪街是一马平川的，庄稼一直无间断地铺向并连接着白溪街的土地。高速公路在他俩感觉上是不存在的。而事实与他俩的感觉正相反。从楼上向南边望去，又有一条南北走向的高高的路基绵延着横在了那里，那是正在建设的甬温福铁路。

许多次，我从乐清出发，去往上海或杭州，每当经过这里时，车窗外的白溪与上林村总是快速地一闪而过。上林村也有村民在外经商，也从这条高速公路上去到外地做买卖。但是，上林村在外的村民只有一个赚了大钱，其余的外出村民几乎都是到了年底两手空空地回家。村外的土地也因此被长久地荒废。

我有一幅照片，是从高速公路路基下往上林村拍的，土地上开满了白色的星星点点的野花。在我蹲下拍照时，我看到了远处的整个村子就在这大片的野花之上。这是低视线中上林村仅剩的唯一诗意。当我拍完照站起来恢复到原来的站姿时，再次看到的是纵横的黄土机耕路，满目破败的土地。我先前所看到的那一点点诗意与这巨大的破败相对比时,是那么的微不足道!

高速公路两边散落的若干村庄与田地。西边:上詹村。石陈村。环山村。樟树下村。楼下村。上塘村。靖底施村。选坑村。茅洋村。东边:上林村。江边村。泽前村。上旺村。上阮村。田东村。跳头村。下塘村。这两边的村庄与田地,它们再也合不到一起了。

村庄与大海之间:铁路经过处

五月里我回了一次上林村。下午,我站在上林村门前的一小块空地上(在许多年前,这块空地是多么的大),往南边的大海处眺望,我看到的只是高高地横在村外的一条长长的路基。这是在上林村南边穿越而过的甬温福铁路。铁路还在建设之中,路基工程已经基本完成。我已经看不到以前直接在视线中的大海。看不到大海上浮动的群岛。看不到海面上的帆船航行。上林村与它附近的几个村庄一起被高速公路与即将开通的铁路裹挟在中间。它们一起成为了这个时代的乡村孤岛。

多少年前,少年们在院子里疯跑,嘴里呜呜呜地学着从没看到过的火车的汽笛鸣叫。这些年少的声音赶跑了院子里的鸡和鸭。大人们的呵斥声从黑洞洞的门洞内发出。那时,离铁路与火车是多么的遥远。上林村的少年们对火车的想象远比大人们来得神秘和宏大。邻村放映《铁道游击队》电影,村里的小伙子与少年一起早早地赶过去等着电影银幕的亮起。《铁道游击队》

里的火车与在火车和铁道上飞奔的王强与老洪等电影人物在许多个日子里成了上林村少年们的主要话题。多少年后,已经成年的这批看过《铁道游击队》的上林村人出外经商卖布匹皮衣,去绍兴、上海、济南、北京、南昌,乘的是火车飞机汽车,高速运输使他们的亏损速度进行得快而又快,大部分人过了一些年头亏完了所有的本钱后再回到了上林村,出没在旧祠堂的赌场里。

时间的进行就是如此的快速。2005 年,甬温福铁路开工。而这时的上林村人的生活激情已被布匹生意消磨殆尽。他们看着跳头山铁路隧洞的爆破硝烟,知道了铁路就将从家门口前通过。但是,他们平静得就像村里的井水一样。他们只是偶尔看着一次又一次的爆破硝烟的消散。在我回村的日子里,我看到了他们眺望远处大海的眼神是迷惘的。我从一个昔日伙伴的眼睛中,看到了浑浊的眼结膜,它经无法映照不远处的大海。我说,铁路就要从村子前面通过去了,火车就要从这里开过去了。他说,火车? 火车只是火车。我想用火车激起他心底的那一点生活热情。但是,我的有关铁路与火车的话题已经再也激不起他的半点波澜了。他们已不相信我的话。铁路从村庄前面的通过,阻断了上林村人对海的视线的直达。过去他们说到不远处的海时,就顺便抬手一指,然后说,那海,那船,那里的什么什么。现在他们说到不远处的海不像过去那样直接了,他们说,你看,从那过去,从那铁路再过去,那边的海。他们对海的说话方式,被铁路的出现改变了。

正在建设着的铁路。土石方堆积着的高高的路基。我从旁边的台阶上到路基的顶部，才看到东边不远处正在涨潮的大海。以前我回上林村经常会沿着一人半高的旧海塘走向筑了新海塘的海边。有时一整条旧海塘就只独自一人。走在高高的旧海塘上，感觉着海风的吹过，大海的逼近，有种死亡一样的安宁。现在路基西边的原先的旧海塘已被拆得面目全非，那些原先通向大海的流水，已经被阻塞成一洼浊水。铁路经过处的乡村，抛下的是一地的碎石、泥渣、不知名的废弃物。现在的路基，还是安静的，高高的路基顶部，一直向前方无限地延伸过去。它是那么的笔直，笔直得让旁边散落的矮小的村庄有种不可知的未来。我看到几个赶海回村的人，他们穿着长筒胶靴，一个一个地从铁路的涵洞下面经过。他们的身体被涵洞从东边一个一个地吞进再从西面一个一个地吐出。宏伟的铁路就这样高高地凌驾在他们的生活之上。

我想象着，等待火车开通的那一天，高速运行的火车呼啸着通过，在已经被路基隔开的土地上再用巨大的声音隔开这块已经凌乱不堪的土地。我重新回到村里，已经将近傍晚。在逐渐暗下来的光线中，我被一个许多年不见的童年伙伴认出来，他说，你是去看铁路了吗？我说，是的，我去看了。他说，听说从这里通过的火车很快，时速两百公里。我说，是的。他说，太快了，太快了，怎么这么快呢！他说了之后就走掉了。我想，如果火车真的开通之后，他会怎么说呢？等时速两百公里的高速列车开通之后，也许，上林村人的说话方式与语速将会有另一个变化。

夜晚来临后，上林村的灯光依次亮起，到夜里九点以后，再

依次黯淡下去。一盏一盏的拉线开关电灯被依次吧嗒吧嗒地拉灭。一年之后的这时,时速两百公里的高速列车将时不时地从村子前面的铁路上向南或向北飞驰而过。它们的巨大的响声,将覆盖整个深夜的上林村。而在铁路另一边的激荡的大海的声音,上林村人是再也听不到了。

大海越来越遥远

上林村与海的距离很近。海水的涨或落都是缓慢的。慢慢地涨,慢慢地抬平海平面。或是慢慢地落,慢慢地托出同样是一望无际的灰色的滩涂。平潮的时候,海面一片反光,船只就在它的皮肤上缓慢航行。就是在上林村,也能感得到潮的涨与落。在低矮的屋子里吃着午饭的时候,常常会突然地感觉到潮水开涨了。边吃饭边低声咕哝一句,涨潮了。一顿午饭吃完,潮已经涨到一半了。有时在下午时段,感觉会略微迟钝些,等潮涨平了,才看见海面一片反光,说,啊,平潮了!有时在半夜里醒来,大哥说,应该是平潮的时候了。三哥说,还得再过五分钟才是平潮。三哥下海的时候最多,他对海也比其他的人敏感许多。不同的日子,不同的潮水时间。只有强台风来临时,海水才会突然涨得快。而父母则对台风夜特别敏感,每次台风袭来,他们都整夜地醒着,在黑夜的黑暗中捱到天亮。海潮涨起来的时候,他们会准确地预感到海塘的哪里会有危险。

海的存在与上林村人是那么的息息相关。溺海而去的人在上林村不是少数。1962年。秋。深夜。一条满载了上林村村民去玉环捉泥螺的帆船返航回来。船只航行到临近南岙山岛前面的海湾中，突遇强暴风雨袭击，船只倾翻海中。一船近三十人全部葬身滔滔大海中。这次只有两人靠高超的水性与顽强的求生欲望逃生。几十年后村民描述这次海难时还吸着凉气，心有余悸。而更多的上林村民根本不愿再去提及这起惨烈的海难事件，尽管上林村人人都知道这起遥远年代的海难。此后，还不断有上林村人在海上遇难。夏秋季突变的天气，对在海上航行或在海涂上赶小海的他们来说是致命的。上林村一直有相当部分人靠海生存，他们不愿因海的凶险而放弃出海。他们从海里捕获的海产有黄鱼、带鱼、马鲛、梭子蟹（这四种鱼蟹要远海捕捞），从海涂上或浦沟里捕获的有青蟹、红鳌蟹、排碗蟹、弹涂鱼、网绕、鲻鱼、沙吹鱼、海卵、泥螺、咬丝、蛏、扁蛤、花蛤、海蜇、鲎、虾、香螺、角螺、牡蛎。

我在被称作合作塘的海堤上，看到了海塘外一片杂乱的海草向着远处延伸着，一直延伸到滩涂与海水的交接处，满目的海草，把原来干净的滩涂几乎全部覆盖了。只有平潮的时候才看不到杂乱的海草。几条船遗弃在花岗岩驳出的斜面上，里面放着无力的缆绳、锈蚀的铁锚、倾倒的破塑料桶、散落的仓板。旁边一具船的骨架，在花岗岩驳出的斜滩上鱼骨似的塌坍着。这是时间与海风的过去景象。更深层的是，内陆过度开发，使海水富营养化，使得海草铺天盖地地速生，海里的鱼虾正在快速递减下去。一对父子正在忙碌着往船上装柴油与生活用品。他俩来

自与上林村相邻的邻村。一字排过去的五六条船中只有他们这条船将要出航。即使在风和日丽的日子,大海的凶险也照样在暗处等待着他俩。在海上多呆一日就有多一日的凶险,小柴油机的机械故障,突然的狂风暴雨,暗礁,渔网缠上螺旋桨,船舱漏水,任何一项的出现,都足以让人胆战心惊。蛰伏着多少凶险的大海,却已经不再有过去的丰富海货。海塘上穿着长筒胶靴往回走的疲惫赶海的上林村民,他们的竹编小箩里装着少得可怜的海货。那个原本海货丰富的大海确已远离了他们。现在他们的海只是一个海草丛生的海。

正在建设的铁路与合作塘的距离只有一百米左右,它与合作塘平行延伸。它与合作塘唯一对应的是它们的硬度与材料——水泥、石料加钢筋的混凝土。当它铺上铁轨,阳光下钢铁闪亮的光芒,将向两端无限延伸。如果人在铁路这边,将能看到它的冰冷的钢铁光芒与大海海平面上无际涯的白光相互纠缠。站在合作塘上,海风从我身后吹过,在我面向铁路背向大海的时候,我会更加地贴近现在,贴近时间交接中的行进与速度,贴近生活中的便捷与安逸。而当我面向大海背向铁路时,海风迎面吹来,过去的大海与现在的大海交缠着出现,正在上涨的海潮极缓慢地把海水的波光呈现在我的面前。但是,这大海已经那么地远离着我,我仅在视觉平面上感受着它极小部分。我的内心已经被现代生活富营养化,生计、工资、人际、应酬、住房,生活中无限循环的这些事物是那么地让我疲于奔命。我感觉着对真正大海的陌生与远离。我不再有大海那宽阔的胸怀。我在这几十年中,变成了一个戚戚的庸俗小人。已经有很多的上林村民不再认识我。他们已经觉得我不再是上林村的人,不再与上林村有什么具体的关系。我仍然常常想到上林村。上林村村庄史中的海难事件,虽然已经遥远,虽然大部分村民不愿再提起它,虽然他们与海的关系也在越来越远,但是海的气息还存于他们的血液中。海难是我永远的记忆之一,因为它曾与母亲一纸之隔,那天开船时母亲因身怀我弟弟行动迟缓晚了几分钟没赶上航船而回家,鬼使神差地逃过了那可怕的一劫!

傍晚,我在自家的低矮平房里与父母一起吃饭,母亲说,台风又要来了,海塘不知道经不经得住这次的大风大潮。我出了平房,屋后边的一位村民过来抬头看了看天,说,这几天的天气这么坏,海塘可能会危险了。夜里,我在二楼的房间里入睡,半夜醒来,想,海潮涨到什么程度了?快平潮了么?但是,我判断不出,我的判断已经很不准确了。包括上林村的人,对海的感觉与判断也同样不再那么准确了。

马叙,作家,现居浙江温州。主要著作有小说集《别人的生活》、《伪生活书》。

准回车键

庞　培

　　我无法回到童年,无法再回到自己的童年其实已经不在了的那一片广袤的乡村,那是一个长江边古老的江村,江畔小村。再往前追溯,祖先的家世已经不可考。狄金森所说的"只要一株草叶,就能再造出一片草原"的境界,对我来说并不陌生。我时常在自己的灵魂深处闻见那样的一片天际浩渺的草原。每个中国人的生命里,都有浩渺的太平洋海水的咸腥,有喜马拉雅的积雪,有无边的草原风光、群山峻岭,也有江南妩媚的水乡。"一生困尘土,半世走阡陌"(宋·曹勋诗)。人们无法确知,自己笔下的这些汉字,已经在世上辗转过了多少陌生的异域他乡。你怎样把自己一生有限的经历,去跟汉字美妙的经历暗相契合?

凌晨四点刚过,我听到了这座城市里的第一声鸟鸣。我们身旁有各种各样的声音,中国再不是一个寂静的国度。这随着我少年发育成人就已经开始了,也就是说,我们是最后一代从生理上曾经经历和感知过古老中国的一代人。声音的世界正在日新月异、高度发达。然而,听一听这凌晨时分并不知名,几乎跟虫鸣声一样低微的鸟鸣声,你仍旧会回想起来许多神秘离奇的宛如童年般的事物来。你想起这座城市的各种前世来,相互重叠,它本身就是一部微缩存放的中国史。有些街道位于隋朝大运河开凿时代的乡野。那座古老的砖塔是遥远的北宋年代的遗物。城内至今犹有一条小巷,叫"刘伶巷"。它的抗争,它的贤淑,它的高古隐逸之风。市井酒肆,写作《山海经注疏》的那个民间异士曾经来过此地,并且在"滚滚长江东逝水"的江边山野处相中一块坟地,后来把他的母亲葬在这里。唐代诗人张继曾数日在此逗留。《水浒传》作者隐居乡野处就在距离我聆听鸟鸣声的地点不足二十公里处。只一刹那的功夫,天色已经在窗玻璃上破晓,没有什么比在凌晨时分全神贯注聆听第一声鸟鸣更神奇的了,几乎同时,我也听到了看不见的露水声音。菜场门口有三轮车急驶出弄堂。但那只鸟的声音仍在我耳边萦绕不去,是中国的古琴尚没被发明和制作出来之前的恬淡的鸟鸣。悲凉,华丽,一声声清脆悦耳。

古琴的形制。邻近的县城在遥远的古代曾经按照这种形制设计和建造。城内有七条长河贯通,类似古焦尾琴的七根琴弦。城区本身是狭长形的,仿佛可以用古老的汉服裹包起来,抱在怀

里,或随时挟带在腋下去往远方。城镇本身有一远游天下风尘仆仆的形象。城内的砖墙散发出饱读诗书的古代圣贤的气息。城外有一座山,正好作露天的琴台。

这城外的山,既是琴台,也是古代生活,或古代江南合适的坟冢。多少漫游天下的侠客高士,仗剑而行的勇士,读书人,美少女最后被归葬于此。其中包括山中求道的隐士,朝廷做官的贵族……樵夫、渔民、种田人,讲《聊斋》故事的乡民……

山脚下,能够随处寻访到的名人墓碑就有:黄公望、严济慈、钱谦益、柳如是、王石谷、曾朴、翁同龢……

我走下楼梯。没有人知道我的生命中发生了什么。我身后一个空荡荡的房间,那是一生中贮存记忆,贮存了世界神秘的光与影最多的一处住址。我仿佛就在那个房子里出生、死亡、长大成人并恋爱。我的身心接触到了异性,美妙青春的异性。现在我并没有试着把这一切写下来。这一切?……一切是多少?灵魂深处屡屡定格的是"我走下楼梯"。二十年里这一定格的影像和镜头的风格不断变异。镜头本身也像川流不息的、流动的江水。某个春天的夜晚,它幻变成"我怀抱吉他"。幻变成文字古怪的"楼下的变电箱"、"窗前"、"你一溜小跑地回家……"我看到了我们居室的那扇木头房门,曾经被漆上绿色的油漆,此后油漆剥落褪去,几乎呈木头的本色。我们住进去时整座大楼已经萧条冷落,但是一切有多少?此后的岁月里,我的身上仿佛驮载着这整座房子和大楼,以及楼下半条街的城区和一个冬天过活。

无论我走到哪里，我都不单单是我自己，还是一长段三层楼的带拐角的水泥楼梯。我还是那幢楼里居民们的日常起居，最主要的是：我还是下班途中快快回家的你。冬天穿了臃肿滑雪衫的你。少女鲜艳的你。我还是墙角倚放的那把吉他。那张前任房主留下的蓝色塑料布沙发。我是房子前后两间简陋的家具摆设。夏天两人一起张挂的蚊帐。墙上的画、一幅中国地图、一份挂历、桌上的手稿、靠墙放的书架。书架上的"外国文艺丛书"。我还是那本译自王央乐先生手笔的不知翻看到第几页的《博尔赫斯短篇小说集》，同样囫囵吞枣的孙梁先生译的《都柏林人》（我到二十年后，将近四十六岁那年才读懂了它）。一本封面暗蓝色，典雅庄重的《西班牙古典吉他曲目》。那里每一本书都事先记录下我，可以说提前书写下来了一个中国小县城内爱诗的青年在 1990 年代的美好生活。空气弹拨着初学者的琴，简单的指法旋律，使人听上去仿佛是户外几声随意无心的拨弄，只是使得住地的周边发出几声吉他琴音，根本不成其为完整的曲调。这零乱的琴声，可是我一生潦倒的写照？在这琴声悠扬里我和我自己恍若隔世了。是的，我走下楼梯。1990 年春天的我正在走下楼梯。下楼去干什么？去菜场买菜？有朋友在楼下喊我（那时候人都骑跨在脚踏车上，在车龙头上跟人交谈）？抑或，下楼去公司上班（我曾短期在一化学制品公司上班）？我用我自己记忆的 DV 机镜头摇晃着摄录下这一切（一切吗？）大多模糊斑驳的影像，在整个放映途中有时会突然闪现一个完整清晰的镜头，清晰得使人吃惊！例如，出现在眼前的这一个：我走下楼梯。

　　记忆是一架 DV 机新手,是一个业余影像爱好者手中摄录性能暧昧的镜头,他正试着摁下各种各样的摁钮,试着摆弄和测试机器的功效。在正式开拍之前这架仿佛传自外星球的昂贵进口机一定会摔坏。机器犹如一名不识字但喜好听故事的人手捧《一千零一夜》。为了讲述我的故事我必须独自上路去一个乌有乡学习故事所需的独立的文字;我必须重新识字断文,并非为了做某一种文字门类的"语言学家"。或许,我涉足的语种又是一门地球上仅见的象形文字?

　　我如今每到一处,都不停地说风景好看,当地的人文历史悠久,每每啧啧称奇,赞不绝口,仿佛连说上几句好话都来不及。不久前在江西玉山县,今天上午至中午这段时间的汉中平原。无论公路边的景象多么简陋杂乱,乡村多么穷愁,都令人倍感温暖新奇。我所看到的季节仿佛也不是严寒的十一月份,而是在乍暖还寒的初春。我分明地觉得周围的一切像春天。完全没有冬天,置身穷乡僻壤的印象。

　　雾散开。太阳慢慢充溢的中午两小时,汉江流域的土地和乡村多美啊!到处是静谧的炊烟,落叶略带苦涩的气息。那空气甚至可以说是香气,有干柴、露水、霜雾、干涸的河道味。牛在无人的河滩三三两两地隐没。我的心,像一架徒劳的没装胶卷的相机,只发出空洞的轻叹……土地显得辽阔而干燥,有着最古老的温和脾性,你能从一上午的空气中清晰地分辨出来这种脾性。你见过打了败仗之后拣了一条性命回乡的士兵吗?汉中勉县一带乡土，就有这样相类似的表情，一种落寞、无言，令人肃然的尊严气派（诸葛亮曾数度在此驻军。著名的"空城计"，历史上，就设在不远处的县城）。进出县城的中巴绕了远道，一直沿过去的老公路走，车上乘客（大多是沿途乡民）纷纷抱怨，只有我混在乘客堆里暗自惊喜：能走一条先前没来得及走过的路，看到些（哪怕一处农民家烟囱）从未见过，只有在老公路两侧才能见到的景色……

我匆匆观看，永远过时、落伍，来不及细加深究。难以停顿，永远零散，也永远地不说话，沉默黯然着……我是那被忽略被遗忘了的热忱的乡土本身——

1998 年的一首诗里的一句：

　　　　我的墓碑是农家的土墙。

慢慢地……

1690 年。法国人安托马·菲雷埃为新编《通用词典》作注解说："耕种土地是人类曾经从事的一切活动中最诚实、最纯洁的活动。"而文化，则是："人类为使土地肥沃、种植树木和栽培植物所采取的耕耘和改良措施。"

去年的一首诗里的一句：

　　　　我散步经过乡村的坟地
　　　　那正是我的坟地。

　　这首诗题为《散步》,是赠给好友杨键的,他每年都要来江阴至少一回;我们总是相约到乡下或视野空阔的江边散步,不知不觉两人就走过了一些村落、山坡、废弃的工业园区。过去十数年里我们在长江下游的几处城乡不停地走路。有时边走边听他忧心忡忡地谈论那些早已经不为人知的汉语古老的典籍。

　　慢慢地,光线越来越明亮,太阳升高,雾霭也跟着压向灰青色的地面。村子北面的秦岭山脉一直看不大见,山峰在远处若隐若现,貌似画家在宣纸上最初渲染出的几笔。上午是因为雾大,中午、下午则是因为太阳的光照太亮;太阳愈亮,旷野四处的烟霭也愈浓,于是大地尽头的群山仿佛消失不见了。真应了古人诗句:"山色有无中"。下午三点至傍晚六点,我在村后面空旷的耕地上散步,很长时间在想,在观察。一直到黄昏时太阳落山,山峰的颜色才开始凸显,清晰起来。

　　天黑之前,山峰慢慢映入乡民们的眼帘,峰峦之间不再孤立无依,而是渐渐清晰地连接成一体,仿佛地平线尽头走来一个老少妇孺手拉手的神秘家庭……一天二十四小时,人们能够看清这些山峰轮廓的时间也就三两个小时,其余时候,山像一个躲在雾中修行的看不见的巨人。

　　紧接着,夜晚来临了,逶迤的群山,渐渐湮没在了此地古老的暮霭深处……

　　寒夜,火柴划动之声,是我最好的慰藉。

今天写了六千字。到下午，越来越冷，风大，大到我在屋子里听得见。天色下午三点已经黑了，云层黑压压地推移，我原以为早上这么大的雾，会有晴朗的阳光。结果，我连下午和傍晚都丢失了。我呆在书房里，好像只过上了半个白天。

然后，我把沃尔科特又重新翻开来看，奇怪我的朋友潘维怎么一直忠爱着他。我也一直忠爱这名加勒比海诗人。他是二十世纪最好的海洋诗人，他写大海，带有多么大的人类挫败感！他好像不断地在说自己一生的虚度……可是潘维的诗里，他那种暗淡光泽中的江南！光线的比照太过悬殊！

你在这里，在沃尔科特身上，能闻到大海清新、有益于身心的空气。为了跟大海般配，诗人动用了真正的非洲蛮荒！

这里，沃尔科特爱上了《台风》的作者康拉德，他在一首诗里两次说到他。他们有相似性。从海上流亡到陆地。诗人显得深受康拉德思想的价值观影响。

价值观，是人之为人的一切。

古时的如皋，大概是个水城。在去水绘园路上过古巷小街，河上一座"迎春桥"。巷子里有人生煤球炉，烟雾腾腾中冬日的天气晴朗。整个市镇只有一点炉子上柴爿火的生气，其余全像古代的镜子，或一丛古坟，静谧如律诗。

弄堂人家煤炉上的烟，如同清明节在荒草凄凄的坟前焚烧的纸钱。

　　那一夜天黑了，我到了汉中城里，乘公交车先到火车站，寄存行李。然后在不大的广场上几乎逢人便问"东大街能到吗？""南门坐几路车？"然后茫然无措地坐上一辆车。夜幕降临。公交车驶动时前后车厢的声音很大。乘客上下车都"隆隆"作响。我先是看见从头顶、车顶上掠过巨大的公路立交桥，接着，车子驶入黑暗而贫穷的街区。街道路灯不多，沿街是简陋低矮的平房，有一种出卖色相之后年老疲惫、松弛多皱的滋味。我意识到那一带是车子经过的北大街。夜色大块大块地掉落进空空的车厢。车子里总共也就五个人，其中三个坐在过道另一头，另外一位坐在我前排，都沉默着，全是陌生人。脸上有种永世都无法交谈（果然！）的表情。其中有个穿着暖和的女学生，一名少女，手里拿了一本书，苍白，很可爱的长相（也许，因为她我记住了此次经历？）脸上有种不耐烦的喷薄欲出的美。我缩在自己的座位上不作声。可以说在那晚车厢的光线中选择了死亡。于是车厢转弯，一片街头（闹市区）的光线泻落进来。她在汉台区下车，而我又往前坐了两站。临下车，她站起来（她像我妈妈身材高大），我看见她手里那本厚书是《福尔摩斯探案集》。这之后我变得更加茫然无措，更加傻乎乎了。我下车后沿着东大街走，看街旁边的小店和小吃摊、夜排档，全是"热面皮、炒粉、醪糟、菜豆腐"。有一家"兰州烧烤"，一家"宝鸡烤鱼"。宝鸡烤鱼难道很有名吗？我焦虑地嗅闻空气中鱼类被烤焦的味道。到处都有吃食摊上的烟雾升腾，但却令人奇怪地更衬托出汉中城里意外的冷清，空荡荡的马路上没几个行人。通常是三四处夜排档守候一个行人，但像我这种行人中的冒牌货，所思所想全稀奇古怪，往往令夜排档前辛苦守夜的摊主们头疼。他们怯生生、木然地招呼我一声，换来的大概是连我自己也弄不清爽的幽灵般的表情（我不言语，却又点头）。有那么一两分钟，我在凝神回忆车上少女身上那件厚厚的、端庄齐膝的外套。不知为什么，我总感到那外套的式样很典雅、温暖。我偷着打量了她的那一眼是温暖的一眼，仿佛原始人在山林中携带到了火种，偷偷把这火种藏起来。前方，我又看见一家"小马烧烤"。这是比较正规有店面的生意，但店内简陋的桌椅令我却步。没有书店，没有亮着路灯的小巷。那看书的女孩子身上的外套，一定是她长相的一部分，令人产生一种可以伸手去抚摸的错觉（在幻念中，我已摸过了）。我反复地想当时车厢里的声音和沉静气氛，想及那女孩身上这座贫寒的城市看来容纳不了的美（光亮），最后，整个街道都转而沉落进黑暗中，连仅有的几处灯光也不再具有照明的功效。而我仍在朝前走着……读者，你是我正慢慢走近的那些寒冷和黑暗，那漫无目的的部分吗？

——这就是那晚，我在汉中城的经历。

我曾想：如果没有旧城和那时候气候恶劣严酷的冬季，我便不可能如此深情地铭记我们 1960 年代的童年。没有红色年代的黑暗贫乏，一个人的内心不可能衬托出如此多的温柔亮光。我就像一名矿工依照他头部的灯盏在坑道深处摸索前行——要是没有储备足够丰富的煤层，这名矿工也将不成其为矿工。

我们是经历了剧烈变化的一代人——注意：并非"变革"，而

仅仅只是:变化——文学自古对"变化"敏感。但漫长的挣扎,早在我们这一代人出世之前很久,就延续了很久。

暴雨骤然落下,但天空昏暗阴沉了很久,各种闪电雷霆在云端酝酿反复,时而狂风大作、飞沙走石,时而又黑云压城……

诗是一种可能。

诗也只是勉强的替代品。是逃逸以及对逃逸(场面)的鼓励。

诗是房屋深重的建筑物内部一处隐蔽的后门。是荒凉及月下的小路。在备受折磨中想像出的折磨的停止。

诗是小路——一切不经意的,田野的,无意识的美。当你到达这种美时一定是在孤独之中,而当你站在孤独小径的深处,四顾茫然,意识到它的存在——诗早已远遁……

诗从不被人看见(在现实中看见),只被心看见……实际上很有可能,是关于看见的看见——梦幻地被看见——

与其说我是个旅行者,不如说我是名过路人。我只是路过,只是通过眼前掠过的陌生的地域省份,梦游般——有时清醒——穿越那些山山水水,与虚空交谈,寻觅一个命运的标志,一个诗的声音。

树木的喃喃低语。

在我心里极其偏远的一角,那些聚会仍在继续……有人发言。有人大声无顾忌地欢笑，有人默默地学会相爱。一切的美里面，年轻时爱的伤害最美。

雪像一种炫目的伤害，温暖着记忆。

清晨……似乎在一曲持续有五分钟的古琴曲中，我才度过了我自己的这个新年。我的童年仿佛寓寄在古老深奥的琴谱中，在遭虫蛀的古代琴谱某一页，被不知名的琴家弹响了，在积雪耀眼的屋顶，在窗外闪烁的太阳光里。

我抽着烟，舌头有点苦涩。不复存在的童年，中国喑哑的古代。

古琴有汉语的声音，有中国人说话的声音。古代集市、街镇，士大夫慷慨陈词，修行为善的身影。汉语骄傲的，飘渺无常的语速。

古琴，仿佛是用废墟中的房檐做的琴弦……

大片倒塌的废墟中，积雪的房檐。

街道像是被撕碎的门联。

乖谬。这个词再好也不过说明了目前剩留在他身上的阴影。

看见了阴影。也就看见了光亮。

庞培，诗人，现居江苏江阴。主要著作有《低语》、《五种回忆》等。

乡村是我们的老家

刘亮程

我离开乡村十多年时间了，乡村是我的老家。我相信无论七八岁的小孩，还是五六十岁的成年人，往前推三代，我们都是乡下人，都是从村里来的。就连我们的省府乌鲁木齐，在三代之前也没有城市样子，只是一个村庄而已。

我记得有一首流传在上世纪五六十年代的顺口溜：乌鲁木齐三件宝，马粪、牛粪、岌岌草，维族洋冈子满街跑。这就是我们省府城市在半个世纪以前的景象，大家想想，当时的乌鲁木齐跟现在南疆最偏远的小村庄差不多。

就是我们所在的南湖地区，在十年前还是六道湾农民的菜地，现在我们一点都看不出来菜地的样子。城市建设和现代化进程就是这样的，它能很快把一个地方改变，让农村变成城市。但是它没办法让农民很快地变成城市人，更没办法从根本上改变这个地区人的状况，人心的状况。

我们从乌鲁木齐满街的栏杆就可以断定，生活在这座城市的人，大多数是新市民，入城市不久的农牧民。为什么这么说？因为真正的城市不需要栏杆，对于真正的城市人来说，栏杆已经深入心中，他们知道城市的规则，什么地方该怎么走，什么地方能走，什么地方不能走，但是我们来自乡下农区和牧区的新市民不知道这一点，因为农牧民有自己的规则，他们的规则就是随意在大地上行走，千百年来他们就是这样在大地上行走着，怎么方便怎么走，这是农村人的行走法则。当然农村人也知道城市法则，但是他不会情愿去遵守它，这种法则是城市人设立的，不是农村人设立的。农牧民会在这个城市生活下去，一代又一代，当他们生活了好多代以后，会在心中慢慢地记住扎在城市中的栏杆，那时候他们就变成真正的市民了，现在还不行。我们的城市还需要大量的栏杆去约束。

好多年前，乌鲁木齐掀起过一场拆除栏杆的行动，好多栏杆被拆除了。但是这一两年，好多栏杆又立起来了，而且比那时候立得更多。为什么？因为放开栏杆以后，整个城市放羊了，市民到处跑，栏杆又被重新立了起来。

我们的新市民，也就是扎根在城市的农牧民，看到栏杆就会懂得这是做什么的，但看到路牌的提示会不以为然。为什么农牧民对栏杆这么敏感呢？因为栏杆本身就是他们发明的，农牧

民为了圈羊圈牛发明了栏杆,现在栏杆又被城市的管理者用在管理市民上了,把人们圈起来,规范人们的法则,规范人们的行动。规范到什么时候呢,当栏杆打开人都不满街乱跑的时候,这些住在城市的农牧民就变成真正的市民了,我们的城市也就成其为城市了。

但是,无论我们在城市住多久,变成什么人,乡村始终是我们的老家,我们都是从乡下来的,中国是自古以来的农耕大国,我们的文化和文明是农耕文化和农耕文明。标志中华民族文明开端的甲骨文,就是古人在漫长的农耕生产中发明创造出来的。比如"多"在甲骨文中就是两块肉落在一起。想想我们的祖先是多么的艰苦,两块肉放在一起就很多了,有两块肉的生活就已经很满足了。再比如"男",是田中的劳力,"女"是一个跪下哺乳的人体形象。还有"家"是屋顶下面一头猪。想一想这几个最古老的汉字为我们勾画了一个多么生动的远古先民农耕之家的景象。男人在外面种地,女人在家养育孩子,当然还要兼顾着养猪,当年成好的时候,家里会有两块肉落在一起,就是非常富足的生活了。现在我们乡下好多村民其实依旧在过着"家"这个最古老汉字所呈现的生活。

我们的农历,一年分四季,四季划分成二十四个节气,二十四个节气全和种地有关,那是古人为方便种地,方便农业生产,在漫长的生活中年复一年总结出来的节气,古代的农民其实都是照着农历在农业生产,到了哪个节气农民就知道该做什么。所以古代的农民种地也是非常方便的,基本上就照着农历就可以生产了。

　　乡村对于我们中国人，具有非常特殊的意义，它既是我们身体的归属，也是精神的家园。

乡　村

　　乡村和农村是两个截然不同的概念，乡村是诗意的，文化和精神的，农村是现实真实的。在古代，广大的乡村是天然的世外桃源，"乡"是一个大的自然人文怀抱，乡村是古人留给我们精神生活空间。在古代中国，中央政权只设立到了县一级，所以县官是当时最小的官，县以下的广大地区，也就是乡村，都是村民自治管理。我们可以把古代的乡村理解为国家政权之外的一片自由自在的天地。国家的政权在县一级就终止了，没有延伸到乡和村，乡村是自足自在的。新中国成立以后，我们沿袭了民国政府的做法，把政权下移到了乡。从这时候开始，中国的乡村已经发生了变化，乡一级变成了国家政权，只有村一级还保留了村民自治，我们的政权还没有深入到村一级。

　　以前村长的工资由土地提留费发放，后来为了减轻农民负担，村长工资已经由乡财政统一支付，村长实际上拿的是政府工资，甚至一些地区直接由县向村派驻村书记，我们国家最末梢的村庄，实际上也已经纳入国家党政管理。国家权力触及到大地的角角落落，乡村的原始意义已经不复存在。

　　古代中国的乡，是国家统治之外的纯朴民间，是世俗喧嚣之

外的清静家园，也是精神的世外桃源。为什么叫乡村、乡土，而不叫县土，就是因为县是国家的，乡是民众的。乡里的事自己做主，县上的事国家做主。古代的乡村是真正的乡村。乡村一词流传到今天，已经变成一个跟我们的文化和精神有关的词语。

我理解的乡村，是自古老的诗经、庄子、楚辞、汉赋、唐宋诗词以及山水国画营造出的一处乡村家园。在那里，有古老原样的山水自然，有人与万物的和谐相处交流，有隐士和神仙，有我们共同的祖宗和精神，乡村山水中有我们的性情和自在，有我们的知与不知、进与退、荣与辱、生与死，有我们的过去将来，前生后世。总之，乡村是世俗社会之外的清静世界，乡村是中国人的伊甸园。中国人自诗经、庄子、唐宋诗词之后，就已经走出乡村，乡村伊甸园消失了，现实大地上只有农村。

农　村

农村是现实的，是占中国人口大多数的农民生活的地方，是生长粮食的地方。锄禾日当午，汗滴禾下土，这句千年前的诗歌描述的农村景象，跟现在没什么区别，现在的中国农村，随处都可以看见这样的劳动场面。这就是农村。最艰苦、贫穷、落后、偏僻的地方。我们说的"三农"问题——农业、农村、农民之一的农村问题，是现在中国一直没有解决好的大问题，也是历代统治者不得不考虑的大问题，历史上有多少朝代是被农民造反推翻的，大家想想。连我们的新中国，也是由农民造反建立的。古人讲"天下大乱",就是连农村都乱了。统治者都怕农村乱,因为农民是大众,乱起来就是众乱,农民手里还有铁器,锄头、铁锹、镰刀、耙子,这些农具,一旦乱起来都是兵器。新疆有一种农具叫坎土曼,也叫砍头曼,跟锄头差不多,劳动的时候挖土,动起武来就能砍头。所以农村乱了,就天下大乱。所谓"天下大治",无非是"耕者有其田"了,农村的环境好了,农民安居了,国家也就稳定了。

这就是农村。乡村只是建立在农村之上的一个诗意梦境,是我们曾经有过的美好伊甸园。乡村问题是我们的精神问题,农村问题是我们的现实问题。我们一直把农村想象成诗意的乡村。我们在城市呆久了,就会想到乡村去。其实我们到达不了乡村,我们一次次离开城市开车出去,到达的仅仅是农村。农村是现实的,农村是寄托乡村梦想的地方,我们给农村寄托了太多的乡村梦想,但是农村一次次让人失望,因为我们在农村会看到现实生活中的贫穷,看到那些面朝黄土背朝天的农民,他们过着比我们差很多的生活,他们没有多少钱,地里的收入不能供给一年的生活,他们的儿女上学没有钱,甚至有些农民靠种地都吃不饱肚子。我们在农村看到了美好的自然山水,也可以看到现实生活中最残酷的我们不忍心看到的现实,这就是农村。在现实的农村之上,是祖先为我们建立的梦幻般的乡村世界,它早已经属于我们的文化和精神,供我们仰望和梦想。

村　庄

讲完了乡村和农村,再讲第三个词:村庄。村庄大家都熟

悉，它是村民居住生活的地方，我们可以想象唐宋诗词里的村庄是什么样的，在青山绿水之间，几户人家，靠种地织布，或靠打鱼狩猎为生，过着悠闲自在的生活。村与村相隔数里，鸡犬相闻，炊烟相望。

我小时候曾经在一个很自然的村庄生活过，那个村子保留了人在大地上随意居住生活的样子，房子东一家西一户，很散漫地坐落着，弯弯曲曲的小路贯穿期间，一切保持着原始的模样。现在我们还能看到这样的村庄吗？没有了。我们走到任何一个村庄，看到的都是被规划过的整整齐齐的现代化的新农村。这些村庄的房子像军营一样排列整齐，道路笔直，一户和一户没有什么区别，区别的只是张王李赵。这是现代农村给我们的景象。这样的村庄叫生产队可能比较合适，因为它就是一个生产粮食的集体，全没有古代村庄的诗意。

房　子

讲房子之前，我先讲一个小故事。前不久，我在喀纳斯景区，一个山庄老板告诉我，说他那里有一根奇异的大木头，让我过去看一看。我对大木头一向好奇，就跟了去。一进山庄，那里果然立着一棵非常高大的木头，头朝下栽在土里，根须朝天张牙舞爪，我看了就非常生气，我对老板说："你怎么可以把这么大的一棵树头朝下栽着呢？"老板说："那是棵死树。"我说："死树也是树。它有生长规律，它的生长规律是头朝上，像我们人一样，你不能因一棵树死了，就不把它当一棵树，就把它头朝下栽到地里。假如你死了，别人把你头朝下埋到地里面，你肯定也不愿意，你的家人也不愿意。"

这个老板显然不懂得该怎样对待一棵树。谁又懂得这些呢？我们现在做什么事都普遍缺少讲究，我们只知道用木头，用它建筑，做家具，但不知道该怎样尊重地用一根木头，我们不讲究这些了。但我们的前辈讲究这些，我们古老文化的特征就是对什么都有讲究。有讲究才有文化。没讲究的人没文化。

记得几年前我装修一个酒吧时，买了一根长松木，要放在楼梯的扶手上，民工把木头收拾好问我："老板，这根木头该怎么放？"我说："你说该怎么放？"他看看我说："这个木头应该是小头朝上，大头朝下。我们老家都是这样做的。"民工的话让我对他刮目相看，他显然没有上过多少学，但是他知道最起码的一点，木头要小头朝上，大头朝下，原因很简单，因为树活的时候就是这样长的，即使它成了木头，也要顺着它原来的长势，不能头朝下放。这是谁告诉他的呢？就是我们乡村文化给他的。在乡村，老人都是老师，好多事情他们懂，知道讲究。老人按讲究做的时候，年轻人就学会了，文化就这样一代代往下传。

我小时候看大人盖房子，大人干活时我们孩子都喜欢围着看，尤其是干技术活，因为这些活我们一长大就得干。干的时候再学来不及，只有小时候有意无意去学。大人们盖的是那种朝前出水的平房，屋顶有一点斜度，前低后高，房顶的椽子一律大头朝前，檩子横担着，没有高低，但也有讲究，要大头朝东。房子

盖好了,一家人睡在一个大土炕上,睡觉也有讲究,大人睡东边,睡在房梁的大头所在的地方,小孩睡西边,大梁小头所在的地方。我从小就知道了盖房子木头该怎样放,以前到了村里人家,习惯仰头看人家房顶的椽子檩子,有的人家也不讲究,看到不讲究的摆放木头我就觉得不舒服。

中国人讲究顺,这个顺就是道。道是顺应天地的,包含了天地万物的顺。我们干什么事不能只考虑人自己顺,身边万物都顺了,生存其间的人才会顺。木头的顺是什么?就是根朝下,梢朝上,树活着是这样长的,死了的木头也是树,也应该顺着它。我想,即使一个没讲究的人,看见一棵大树头朝下栽在地上,心里也会有不舒服的感觉。因为它不顺。我们住在一个木头摆放不顺的房子里,生活能顺吗?

家

刚才讲了甲骨文的"家"是屋顶下面一头猪。它告诉我们"家"并不仅仅是人的,家里并不仅仅只有人,家也是人和其他动物共居的。古人通过这个最古老的象形汉字,其实在告诉我们一个多么现代时尚的观念。"家"是万物之家,天下万物是和谐共存的,我们的家园不仅仅有人,还更应该有其他的动物,我们人不仅仅跟人相处,还要跟人身边的其他生命和睦相处。这就是古人的家,甲骨文中的"家"告诉我们的道理。

事实上,现在许多乡村的村民仍然在过着甲骨文的"家"告诉我们的生活,在乡村,家里有菜园,院子里有家禽、家畜,还有树。我理想中的家应该是这样,有一个大院子,院子里一排房子,当然房子最少有四五间,家里有父亲、母亲、爷爷、奶奶,三代同堂,最好还有太爷、太奶,四代、五代同堂,这就更幸福了。人住的房子边是牛圈和羊圈,房前屋后还应该有几棵树,树有小树大树,小树是父亲栽的,长得不高也不粗,大树是爷爷太爷甚至不知道名字的祖先栽的,这个树应该有几百年的岁数。我们在这样的树下乘凉,自然会想起栽这棵树的祖先,也曾经一样坐在树荫下听着树叶的哗哗声,在夏天午后的凉爽里,他也听着树上的鸟叫,也曾年复一年看到春天树叶发芽,秋天树叶黄落。我们坐在这样的一棵老树下,自然会把自己跟久远的祖先联系在一起,我们的气脉是相同的。当我们想到祖先看到这一切的时候,其实我们就看到了祖先,感觉到祖先的气息,祖先年复一年的看着树在长,就在这样的轮回中,时间到了我们身上,我们长大了,祖先不在了,但是祖先栽的树还在,"前人栽树后人乘凉",祖先留给我们的荫凉还在,这就是家里一棵树的意义。

这样理想的家现在还有吗?在有些乡村,我们还能看到这样的院子,院子里的人家,三世或者四世同堂,院子里有鸡鸣狗吠,菜园里每年长出新鲜的蔬菜,这是一个多么美好的家啊!而这个让我们温馨自在地生活了千百年的家,也正在广大农村逐渐消失。

上个月我去南山采风,看到那里规划的一片新农村,红色的屋顶,彩色的墙面,每家每户都整整齐齐,院子全是水泥地,房子

里全是现代的家具,给人面貌一新的感觉。但是看完以后我还是觉得少了一点什么东西。少了什么呢?牛羊不见了,狗不见了,鸡不见了。我问当地的负责人:"这个农家院子里怎么没有家禽和家畜?"领导说:"那些动物都被放到外面集体饲养了,我们新农村建设的一个标准就是要让人畜分居。"

在接下来的座谈中,我对当地的新农村建设发表了自己完全不同的看法。我说你们的新农村不应该把动物排除在外,新农村不应该只是人的新家园,我们和家畜和谐相处几千年的生活,不能在新农村这里中断。你们这样搞不行。应该赶快把院子里的鸡圈和牛圈建起来,把赶出去的牛羊请回来,把狗迁回来拴在门口,把鸡请回来放进圈里。这样一个农家院子里,能够听到鸡鸣犬吠,能够听到羊的叫声,这才是世代生活的家的景象。假如家里白天只剩下了人声,到晚上只有电视的声音,这是人生活的地方吗?不是。假如人生活在只有人的环境里,这样的生活是绝望的,没有希望的。

中华文明的"家",就是从屋顶下面一头猪开端。我们现在怎么能够把家里的动物清除出去呢?不能因为新农村建设,而让我们的村庄变得面目全非,只适合人的生活,而不适合其他动物生活,不适合一棵草生活。院子全是水泥地,草都长不出来,种子落在上面就干枯了,被风刮走了。这是农村吗?这样的农村即使是非常舒适,适合人居,但是在我心中它不是完美的天地万物和睦共居的村庄,也不符合我们延续几千年的居住文化。

新农村之家

我想进一步讲讲新农村的家。正在大规模进行的新农村建设,实际上在为亿万中国农民盖新房子,创建一个新家园,这个新农村之家究竟会建成什么样子?已经建成的新农村之家是什么样子?国家在决策新农村建设时,从资金到新农村居住文化方面的准备都是否充分?已经建成的新农村出现了哪些问题?我们都在亲历这场规模浩大的新农村建设,它给农村和农民带来了什么呢?

新疆北疆的许多汉民村庄是在清代、民国、解放以后的五六十年代陆续建立起来的,上世纪五六十年代,大批移民涌入新疆,把许多只有老新疆人居住的小庄子扩充成大村庄,许多以前的无人区也开荒建起了新村庄。

我小时候生活的太平渠村,就是一个典型的移民村庄。

多少年来,这些移民村庄的房子大致经历了几个时期的变化,从移民初期的地窝子,到干打垒土房子,土块房子,穿靴戴帽的瓦房(砖砌墙基瓦盖顶,中间土木结构),到现在的新农村砖房。

从地窝子爬出来盖的干打垒房子开始,尽管几经变化,房子的样式没有变,都是前低后高,房顶一个大斜坡,后墙直切下去。按传统的前后两出水的瓦房,这该算半个房子。中原内地的两出水瓦房传到西北新疆,只剩下朝前出水的半个房子。房子里的内容又剩下什么呢?

　　好多年前,我曾随母亲去过甘肃九泉金塔,那是我母亲的老家,她 1961 年逃饥荒来新疆,四十多年了,第一次回去。老家的居住环境和我们在新疆差不多,村子也在沙漠边上,也是靠种地为生。刮起风来黄沙满天,地比新疆少,收入应该也少。但是老家村里的房子跟新疆的房子截然不同,每家都住四合院,正门进去是一块照壁,照壁对着是正堂,堂屋里面摆着祖先的神灵,那是一间空房子,平常的时候什么都不放,只放着祖先的灵位。家里做好吃的了,先端一盘过去敬献祖先,祖先品尝过了,然后再端回来自己才吃。

　　看看我们新疆农村移民盖的房子。四合院没有了,就是一排平房,后高前低,一出水的半个房子,不管家里房子多少,全是人住的,没有一间是给祖先住的。我走过许多乡村的许多人家,没看到哪一家会留出一间房子给自己的祖先。不管有多少间房子的人家,都不会有一间给祖先,所有的房子都是住人的,盛放物品的,没有一间房子空出来留给精神。祖先被我们丢掉了。

　　现在新农村的房子依然全是住人的。新农村之家的设计者在设计房子的时候,只考虑到大卧室小卧室,客厅厨房,只关心电视机放哪,冰箱洗衣机放哪,他们考虑到把祖先放哪吗?没有。当这一切放置好了,一个家就算安置妥当了,哪都是东西,祖先的位置没有了。

　　而在老家农村的传统家庭,大都有两个居所,一是人居住的房子,一是供奉祖先的房子。家家都知道给祖先留一个房子,家和家产都是祖先留下的,走了的祖先被安置在正堂里,逢年过节,有灾有难,会过来求祖先保佑,祖先让人们心安。

如今我们有三间或十间房子,都不会想到有一间给祖先和精神,我们的新农村之家,是一个纯粹的物质之家,缺少精神和文化。

弯曲的乡土路

说起乡村的路,大家可能都会想到弯弯曲曲的乡土路,这是印在我们心中的有关乡村的特别记忆。我认为,弯曲的乡土路是最能代表乡村文化的。乡村的道路——至少是传统的乡村土路,基本上都是弯曲的,不像现在的高速公路这样笔直。然而就在弯曲的乡村土路中,蕴含着别样的乡村文化和乡村哲学。为什么这样说呢?因为路是人走出来的,什么样的人就会走出什么样的路,人怀着什么样的心态,就会在土地上踩出什么样的脚印。乡村土路就是村人在大地上行走的一种方式,那些弯弯曲曲的乡土路总是在绕过一些东西,又绕过一些东西。不像现代高速公路,横冲直撞,无所顾忌,乡土路的弯曲本身代表了乡村人走路的一种谨慎和敬畏。它在绕过一棵树、一片菜地、一堵土墙、一堆坟、一湾水坑的时候,许多珍贵的事物被挽留住了,被留了下来,这就是弯曲的乡土路告诉我们的全部意义,它是我们的村人对待天地万物的一种理念。在弯曲的乡土路中我们可以感受到村人对脚下每一个事物最起码的尊重,他不去破坏它,不去强行通过它,不去践踏它,尽量的在绕,绕来绕去,最后把自己的

路绕得弯弯曲曲,但是在它的弯曲中,保留下土地上许多珍贵的东西。这就是乡村路。

好多年前,我去伊犁昭苏,看到一棵大榆树立在路中间,当时感到非常惊奇,这么大一棵榆树立在公路的正中间,这是多大的奇观啊!当地人说,路修到这儿的时候,要通过这棵大榆树,当地政府和包工头都要把这棵榆树砍了,因为一棵树立在路中间不好看。为什么没砍呢?这棵树是当地的神树,附近村民多半有信仰萨满教的传统,有病有灾了,会在树上系一个布条,在树下许个愿,灾病就过去了。听说这棵树灵得很,一直以来前来祭拜的人不断。砍他们的神树当地人当然不愿意,大家联合起来保护这棵大树。最后这棵树所以被留下来,并不是村民们保护了它,政府要想干一件什么事村民哪能阻挡得了?而是修这段路的包工头突然出车祸死了。老板是主张砍树最卖力的人,推土机都开到了跟前要把树推倒,树没倒,老板先死了。这件事把人们震住了,不管是当地政府,还是施工队都对这棵树一下子敬畏起来。这棵树就这样留了下来,它就立在去昭苏公路的中间,高大无比,几人才能合抱住。好多车辆经过这里,会自然而然地停下来,在树边拍照,树上挂满了当地人系的各种颜色的布条。我们也在树下拍照。尽管在修公路的时候,树根部被埋掉了两米,但是剩下部分仍然是高耸云端。

后来这棵树怎么样了呢?

又过了好几年,我再去昭苏的时候,那棵树不在了,从路上消失了。什么原因呢?说是有天晚上一个司机可能开车打盹了，没看到前面的树，一下子碰到树上，树把人撞死了，树犯法了，所以树被砍掉了。我过去的时候，那棵树被砍掉时间不长，主干已经拉走，剩下的枝干扔在公路边的污水沟里，那些系满枝条的寄托着多少人美好祝愿的布条泡在污水里。当地人曾经视为神树的一棵大树就这样被砍掉，变成了木头，而人们砍伐它的时候，有一个理所当然的理由——树挡道了把人碰死了。

难道人在修这条路的时候，就不知道稍微绕一下，绕过这棵树吗？不能。这是现代高速公路的原则，它追求最短的距离，追求运输成本的最低化，当它绕过一棵树的时候，路程增加了，运输成本增加了。所以不能绕。

但是我们的乡村土路会绕，懂得绕。我们的乡村文化中有"绕"的理念，现在人没这个理念了。我们看到新修的高速公路，几乎都是笔直的。它无所顾忌，横行直撞，为了追求最短距离和直线化，见山劈山，遇沟架桥，没有什么可以阻挡。一棵树能挡住高速公路吗？不能。在高速公路施工期间，多少房屋被拆掉，多少农田被侵占，多少棵树被砍伐。没有什么东西能把高速公路挡住，也没有什么东西能够阻挡住人类走直路，追求最短距离，最低成本的心态。但是我们的农民知道，到乡下去看看，弯曲的乡土路会告诉我们，世间曾经还有这样一种走法，还有这样一种弯来绕去，不惜耗费时光，总是绕过一件事物，又绕过一件事物，把自己的路程无限地拉远，为的只是让人的道路尽量不打扰践踏大地上的事物。这样一种绕的方式，恰好代表了乡村文化中最珍贵的一点，这是现代人所没有的。我个人认为，笔直的

高速公路代表了现代人在大地上行走的粗暴和野蛮,弯曲的乡土路却代表了一种行走的文明。

农　民

　　农民是乡村文化的创造和继承者,是大地上千百年来面朝黄土背朝天的辛勤耕作人,他们有土地,或者没有土地,他们靠种地为生,收入微薄。当然不排除那些有很多土地的农庄主,他们是现代地主。更多的农民靠家里仅有的几亩地在生活。我们新疆北疆的农民人均也就是三四亩或七八亩地,南疆很多农民人均是一亩地。一亩地是什么概念呢? 一亩地种麦子,如果种好了够一个人吃一年,假如种不好,口粮都不够。人均一亩地对农民来说,几乎就是一个生存极限。它能保证你在种好的情况下,一年靠粮食吃饱肚子,但是零花钱在哪里? 孩子上学的钱在哪里? 穿衣服的钱在哪里? 还有,种这一亩地的种子化肥机耕费在哪里? 都不知道。好在这几年,国家给乡村做了补助,乡村贫困户也被纳入国家救助范围,以前村里的贫困户叫五保户,是村民救助的,每家出一点钱给五保户,让五保户生活。现在国家的福利制度终于向农民倾斜了。这是一个好现象。

　　另一种农民呢? 就是离开土地,进入城市,从事着他们所能干的简单体力活的人。乌鲁木齐的外来务工大多数是农民,那些从大地的角角落落出来的人,最后拥挤到这座城市,但是他们永远也进入不了城市的中心,因为他们没有文化,或者文化不高,他们不能从事技术含量高的工作,他们到城市来,也只能干体力活,他们除了会种地没有别的技术。所以进城的农工多半是生活在城乡结合部,租住着破烂的房子,吃着不知道是什么的食物,每个月挣的工钱也是少得可怜。这就是另外一种农民。城市人喜欢把没有文化和文化素质低的人称为"农民"。当一个人被称为农民的时候,其实已经说到根子上了,你都是农民了,还有什么呢?

　　农民生活在社会的最底层,是我们民族的大多数,它代表着最贫穷最落后最脏最差最愚昧。可是,恰恰是这样的一群人——农民,他们身上所携带的乡村文化,是我们民族最古老的根子上的文化。就像我刚才所说的,一个农民可以知道盖房子时一根木头该怎么摆放,这是大学课程中没有教的知识,我们课程中没有把这些东西当成知识传授给孩子们。我们根子上的文化只有靠人们在乡村生活中一点一点地去积累、去传承,我们的爷爷把这样的生活观念和文化告诉给父亲,父亲告诉给我们,我们再告诉给孩子们,年复一年,一代一代往下传承,生活中最有价值的文化都是靠这样传承下来的。因为这种文化本身跟我们的生活有关系,跟考试没有关系,跟上大学没有关系,跟找工作没有关系,但是它跟我们的生活有关系,它是我们古老文化中最有价值的东西。而这些文化大量地沉淀在乡村,沉淀在农民身上,沉淀在乡村孩子的身上。

　　中国能够在农村保留完整的最基层的乡村文化,这是一个奇迹。中国文化本身就不落后。落后的是我们丢掉太多。文化

多少并不是你上了多少学，拿了多高学历，而是你确确实实地从生活中，从我们的历史文化传承中接受到了多少东西，古老文化传承到我们身上，还剩下多少东西？你身上剩下的那一点文化，就是你自己的文化。

故　乡

讲最后一个词——故乡。

每个人都有一个现实中的故乡，这个故乡有名字，在大地上可以找到。大地域的故乡是省，然后具体到县、乡、村。为什么叫故乡呢？而没有叫"故省"、"故县"，那是因为自古以来人们就认定乡是自己的，省和县都跟自己没关系，那是国家的。乡村从古代开始，就是国家政权之外的自然自由空间，国家政权到县就终止了。县以下的乡村是亘古不变的民间。正是这个广大的民间使中华文化几千年来保持稳定，朝代更替只是县以上的事，乡村依旧是乡村，就像山河依旧一样，乡村文化可以不受政权更替地代代传承。

"乡"让我们亲切，从一个乡里出来的人叫同乡，从同一个省里出来的人也叫同乡，在国外碰到本国的人，也说同乡。如果有一天，我们在宇宙中碰到地球上的人，恐怕也会说同乡。同乡的概念就是一个地方的人。这是一种个人地理意义上的故乡，每个人都有一个故乡。对于单个人来说，故乡是什么呢？故乡是我们出生地，故乡是父亲、母亲、爷爷奶奶生活的地方。当父亲、母亲、爷爷、奶奶都在世的时候，我们会经常去看望他们，逢年过节聚到一起，那是多么温馨。可是，当我们的爷爷奶奶离世，父母亲离世，故乡还存在吗？

我知道住在城市的人们，父母在乡下的时候，他们经常去看望父母，逢年过节聚在一起，父母不在以后，就不怎么去乡下了，乡下还是他的故乡吗？故乡已被父母带走，带到哪去了呢？当父母收回我们的故乡，当我们在故乡再找不到一个亲人的时候，乡村大地本身就变成了我们的故乡。正如我一开头所说，乡村是我们每个人的故乡。

我们汉人没有宗教，我们的文化是农耕文化，我们的哲学也是乡村农业哲学。乡村对中国人来说，既是生存之地，也是灵魂居所。也可以说乡村就是我们的宗教。源自乡村"家"、"孝"理念的儒教完完全全地被农民接受并延续到今。中国文化最根本的东西都保留在乡村民间。乡村是我们精神文化的故乡。

我心中的故乡，是一个既能安置人的生，也能安置人的死的地方。乡村提供了这样一个地方。它收留你的身体，让你生于土上，葬于土下。在不远的过去，每家每户都有一个祖坟，祖坟离自己的家园不远，出门就可以看到，祖坟或者在地头，或者在离家不远的一块地方。祖坟对我们是一种召唤和安慰，它让人时刻看到自己的生活，也能感受到入土为安的死亡。我们没有宗教，没有建立一个人人可去的天堂，没有。但是我们中国人在大地上建立了乡村，乡村既容纳人的生，也接纳人的死。故乡的意义对每个人来说，就是这样的。当你完结一生，葬在曾经生活

的土地之下，和世世代代的祖先在一起，过比生更永远的日子。这样的地方才能称其为故乡。

城市有这样的环境吗？没有。中国人认为人生最悲惨的结果是死无葬身之地。城市人死亡以后，烧了，烟消云散。这样的地方不能作为故乡。至少在文化和精神上不能作为人的故乡，城市是非常适合人生活的第二家园，它是为人的身体所建立的。城市的一切都太适合人的身体了，让人生活其中，非常舒适。它的所有功能都是按人的身体享受所设计的，但是它不考虑人的心灵。城市只让人在它的怀抱中享乐，它只管今生，不管来世。死了就把你烧掉。一个人的生命迹象烟消云散，变成一个骨灰盒，被家人存放在什么地方。

一个能够安置了人的生和死、身体和灵魂的地方，才能称其为故乡。中国人共同的故乡是乡村，乡村既是我们的精神家园，也是生存居所。中国的乡村早已经消失了，它存在于诗经、楚辞、唐宋诗词以及中国山水国画，中国人从那里走出自己的乡村伊甸园。乡村早已经成为我们的文化精神和宗教。

（本文根据作者在乌鲁木齐市民大讲堂演讲录音整理）

刘亮程，作家，现居乌鲁木齐。主要著作有散文集《一个人的村庄》，长篇小说《虚土》等。